季刊 考古学 第39号

特集 中世を考古学する

- ●口絵(カラー) 中世の都市
     鎌倉　京都　博多　平泉
  - (モノクロ) 荘園村落遺跡
     元寇と碇石
     日本出土の中国陶磁
     京都出土の朝鮮王朝陶磁

中世考古学を考える ―――――― 坂詰秀一 (14)
中世考古学の方法
中世史研究と考古学 ―――――― 松下正司 (17)
歴史民俗学と中世考古学 ―――――― 小花波平六 (21)

都市と集落
中世都市遺跡調査の視点 ―――――― 前川　要 (24)
中世都市遺跡の調査＝鎌倉 ―――――― 大三輪龍彦 (28)
京都 ―――――― 浪貝　毅・堀内明博 (31)
博多 ―――――― 大庭康時 (34)
平泉 ―――――― 荒木伸介 (37)
中世荘園村落遺跡の調査 ―――――― 甲斐忠彦 (40)
中世「方形館」の形成 ―――――― 橋口定志 (45)

信仰の世界
　中世修験の遺跡────────────時枝　務 *(52)*
　板碑造立の風潮────────────播磨定男 *(55)*
　中世の埋経と納経───────────山川公見子 *(58)*
　中世の葬送と呪術───────────藤澤典彦 *(61)*

生産と経済
　中世の土器・陶器───────────福田健司 *(67)*
　埋められた銭────────────栗原文蔵 *(73)*

対外との接触・交易
　元寇と考古学────────────柳田純孝 *(76)*
　考古学からみた日明貿易─────────鈴木重治 *(79)*
　日本出土の朝鮮王朝陶磁───────堀内明博 *(83)*

最近の発掘から
　5世紀初頭の帆立貝式古墳─東京都野毛大塚古墳─寺田良喜 *(87)*
　室町期の合戦があった山城─人吉市矢黒城跡──鶴嶋俊彦 *(93)*

連載講座 縄紋時代史
　13. 縄紋人の生業(5)────────────林　謙作 *(95)*

書評────────────────── *(103)*
論文展望───────────────── *(107)*
報告書・会誌新刊一覧──────────── *(109)*
考古学界ニュース──────────── *(112)*

表紙デザイン・カット／サンクリエイト

中世の都市 鎌倉

鎌倉市内では，毎年多くの遺跡が発掘されているが，武家屋敷と庶民居住区が共伴して確認された今小路西遺跡（御成小学校地点），浜地の墓地と民家が混在する由比ケ浜中世集団墓地遺跡（若宮ハイツ地点），鎌倉の代表的寺院址である永福寺跡が，最も鎌倉の中世遺跡のあり方を示す。

構　成／大三輪龍彦
写真提供／鎌倉市教育委員会

今小路西遺跡全景

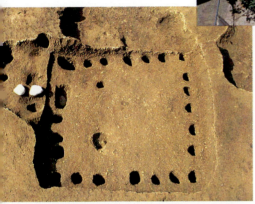

今小路西遺跡の方形竪穴住居址

永福寺跡薬師堂（正面から）

由比ケ浜中世集団墓地遺跡全景

永福寺跡庭園の一部

京 都

京都市内では近年平安京跡を主な対象として年間約1,500件の埋蔵文化財調査が行なわれており，中世都市遺跡の成果も上りつつある。その中から室町殿跡，北山殿跡出土の修羅のほか，中世の墓地を紹介する。

構 成／浪貝 穀

室町殿（花の御所）跡発掘調査全景（1989年）
左端に南限の堀があり，中央から右にかけて庭園の景石と石組群が配置されている。

室町殿南限の堀
東から西を望む。堀は上幅2.7m，深さ1.5mで，鋭くV字形に掘られており，邸宅の南限を示すものと思われる。

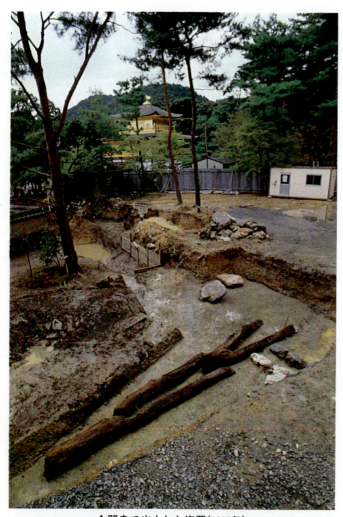

金閣寺で出土した修羅（1989年）
三代将軍足利義満が造営した北山殿跡（現金閣寺）で，庭石を配置する際に使った修羅が2基発見された。

中世，下京の南，町はずれに作られた墓群（七条室町周辺）

博多

博多遺跡群は、福岡市の都心部の地下に眠る遺跡である。発掘調査は地点によって異なるが、現地表下2～6mにもおよぶ。この間が、古代から現代まで間断なく続いた生活面の堆積であり、大量のさまざまな遺物を包含している。現在の道路網は、豊臣秀吉の街割りを基本的に継承したものだが、16世紀以前は全く違う町割りがなされていた。

構　成／大庭康時
写真提供／福岡市教育委員会

市街地での調査（築港線第2次調査）
突きあたりは博多湾・志賀島

地をくり返して重上げされた道路（第35次調査）

道路と側溝（第40次調査）
には度重なる修復がみられ、道路は拡幅されている

博多のメインストリート（第35次調査）

柳御所遺跡航空写真（下は北上川）

平　泉

構　成／荒木伸介
写真提供／平泉町教育委員会

藤原3代90年間にわたる平泉文化の調査は柳御所遺跡を中心に多くの成果があがっているが，まだまだ未解明の問題も残されている。とくに3代秀衡以後は柳御所遺跡が単なる居館から政庁的役割を担う場へと発展し，平泉全体が大きく様変わりする点は注目されてよい。

和鏡（秋草双鳥文）

渥美袈裟襷文壺

烏帽子出土状況

荘園村落遺跡
豊後国田染荘

豊後国田染荘の遺跡は，大分県豊後高田市田染地区にある。宇佐八幡宮の根本荘園の一つとして歴史的に重要な位置を占めてきた田染荘は，国宝富貴寺大堂を始め，真木大堂の平安仏，熊野磨崖仏など国東を代表する文化財が集中する地域としても著名である。またそこは豊富な中・近世史料を伝えるほか，500基にも達する中世石造文化財が伝統的なムラの景観の中に遺存しており，中世荘園村落を復原的に研究する上で格好の条件を備えた地域である。

　構　成／甲斐忠彦
　写真提供／宇佐風土記の丘歴史民俗資料館

田染荘中心部の景観（池部・横嶺条里周辺）

小崎城跡に残る石殿
（「応仁二年　大願主宇佐栄忠」銘）

小崎城跡周辺の景観

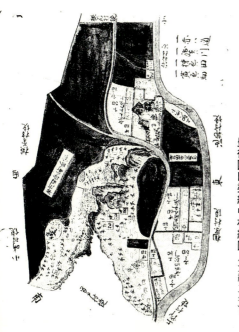

豊後国田染組中村絵図（元禄二年）

田染荘糸永名の中枢部に建立された富貴寺大堂

『竹崎季長絵詞』に描かれた石築地と生の松原地区の元寇防塁

今津地区の元寇防塁（高さ約3m）

元寇と碇石

建治2年（1276）博多湾の海岸線に石築地を築いて蒙古の再度の来襲に備えたのが元寇防塁で，高さ約3m，長さが20kmにおよぶ長大な遺跡である。
一方，博多湾を中心とした北部九州沿岸一帯から引き揚げられた「蒙古碇石」と呼ばれる碇石は，中国の泉州湾や奄美大島からも確認されている。

構　成／柳田純孝
写真提供／福岡市教育委員会

『竹崎季長絵詞』に描かれた
元小船の碇と大船の碇を巻き揚げる轆轤

上：鷹島の碇石には大型・小型の2種類がある
下：博多区上呉服町出土の碇石（長さ298cm，重さ584kg）

日本出土の中国陶磁

日本出土の中国陶磁を室町時代の前半に限ってみると、明国の海禁政策のため、その前後の時期と比較して極端に少ない。その中で目につくのは供膳具である。青磁では、雷文帯や線描蓮弁文の碗と、草花文の稜花皿。白磁では、白濁釉のかかった皿や坏で、底部にえぐりのあるもの。青花では玉取獅子や羯磨文などの碗・皿が多い。また共伴の朝鮮陶磁も注目される。

構　成／鈴木重治
写真提供／和歌山県立紀伊風土記の丘ほか

雷文帯青磁碗（紀淡海峡海揚り）

線描蓮弁文青磁碗（紀淡海峡海揚り）
紀淡海峡採集品はいずれも淡島神社蔵

青磁草花文稜花皿（福岡県室町遺跡出土）

底部えぐり入白磁皿（沖縄県御物城出土）

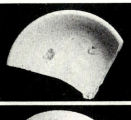
羯磨文青花皿（山梨県新巻本村出土）

菊花象嵌文粉青（長崎県楼楷田遺跡出土）（朝鮮産）

見込福字入唐草文青花碗（山梨県新巻本村出土）

京都出土の朝鮮王朝陶磁

白磁平碗（京都市中京区弁慶石町出土）

平安京左京三条四坊十三町（中京区弁慶石町）と同左京一条三坊二町（上京区藪之内町，京都府庁内）出土のものである。前者は16世紀後半代の瀬戸黒・志野・信楽・備前などの多量の茶陶類と共伴した白磁平碗である。後者は豪商茶屋四郎次郎邸と西洞院通を挟んだ向かい側の地下式貯蔵穴から唐津・志野・織部とともに出土した胎土目白磁碗，粉青沙器彫三島碗で，17世紀初頭の廃絶時のものである。

構　成／堀内明博
写真提供／京都市埋蔵文化財研究所・京都府埋蔵文化財調査研究センター

胎土目白磁碗（上）と粉青沙器彫三島碗（下）（平安京左京一条三坊二町出土）

地下式貯蔵穴出土品（平安京左京一条三坊二町出土）

季刊 考古学

特集

中世を考古学する

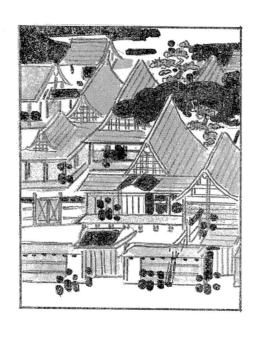

特集 ● 中世を考古学する

中世考古学を考える

立正大学教授 **坂詰秀一**
（さかづめ・ひでいち）

中世の考古学研究は古くより始まるが，近年考古学と文献史学，民俗学などの関連分野による連携研究は新視点を提供している

1　中世史と考古学

いま，日本における中世史の研究は，新たな視角をもって躍動を続けている。それは，かつての中世史研究が，文献史料にもとづく方法が主体的であったのに対して，考古資料を積極的に活用し，さらに絵画資料，民俗資料をも加えて"中世学"の様相を呈しているからである。

中世史の研究にとって考古資料の活用が着目されたのは，決して新しいことではなかった。それにもかかわらず，日本の考古学界においては中世を対象とする分野について冷やかな対応がなされてきていた。

このような傾向は考古学界のみでなく，文献史学の方面においても同様であった。考古学は文献史学の補助学であり，文献史学者は考古学側より提供される考古資料を活用して歴史を構成する，と言う潜在意識が必ずしも払底することなく生き続けている。

中世の考古資料に刮目し，中世考古学の必要性を機会あるごとに喧伝し続けたのは赤星直忠であった。鎌倉の地を中心として中世考古学の調査研究にとり組んだ赤星は，1980年に『中世考古学の研究』と題する論文集を刊行した。同書に跋文を寄せた三上次男は「かつての中世考古学に対する不当な評価をものともせず，半世紀も遡る昭和の初期からこの方面の研究をすすめ，大きな成果をあげてこられた」と赤星考古学の精髄を評した。

1920年代の後半より30年代にかけて，中世考古学の分野を開拓した赤星とともに同じ神奈川県に

あって考古学の研究を進めていた石野瑛は，1928年に『考古要覧』を刊行した。赤星の研究が個別具体的であったのと対照的に石野の提言は総括的な見解を披瀝したものであった。石野は，考古学の範囲を人類の出現以来，現在にまで及ぶべきである，と主張し，中世の考古学についての示唆をあたえていたのである。

この2人の先学にとって，中世史を考古学の資料と方法によって究めることは自明のことであった。しかし，学界の反応は必ずしも肯定的ではなかった。ただ，1937年に『日本歴史考古學』の大著をものした後藤守一など一部の学者にとって，中世の考古学研究の必要性は理解されてきていたのである。

このような中世の考古学が考古学界において市民権を得るようになったのは，1970年代以降のことであった。その一つの切っ掛けは，1973年に開始された草戸千軒町遺跡の組織的発掘調査の着手である。松下正司を中心とした関係者は"草戸文化財教室"を開催し，発掘による成果を多くの人びとに提供することによって中世の考古学理解を深める努力を重ねたのである。とくに，1980年より1981年にかけて開催した埋蔵文化財研究講座"中世の考古学"は，草戸のみに止どまらず，全国の中世考古学の現状を一堂に開陳する画期的なものであった。その記録『中世の考古学』(1981)は，講座の発表要旨・資料を収めたものであるが，新しい中世考古学の夜明けを告げる一書であった。中世考古学の原点と称されている草戸の発掘は，たしかに調査研究所の設置がなされて恒常

的な体制が確立されたことに有効性があったが，それ以前における村上正名の地道な努力に裏打ちされたものであったことは言うまでもない。他方，一乗谷朝倉氏遺跡の調査も組織的に開始され，広島と福井において本格的な中世考古学樹立の基礎づくりがなされていったのである。

これに呼応して1970年代の後半より1980年代にかけて多くの雑誌が中世考古学の特集号を編み，考古学界においても次第にそれの存在が注目されるようになっていった。このような風潮は，文献史学の研究分野にも大きな影響をあたえ，その気運を醸成していったのである。

『よみがえる中世』シリーズの刊行は，文献史学の研究者が主となって編集する方向を示したものであり，中世史の研究にとって考古資料の存在を看過し得ぬ状況を明敏に反映した象徴的な出版として理解されよう。

2　中世考古学の現状

日本中世史の研究にとって，考古資料の提示する歴史事実はきわめて大きなものがあり，多くの中世史家の注目するところとなっている。

考古と文献と民俗，この3分野の研究者が一堂に会して中世考古学の現状と展望をめぐってシンポジウムが開催されるようになってきたことは喜ばしい。そして，その成果があいついで公けにされてきていることも望ましい方向であると言えよう。

このような傾向は，考古学側のみの努力によっては，決して実りある成果を挙げることができないが，文献史学畑の研究者の積極的な対応を得ることによって初期の目的が達成されることになる。考古学側の呼びかけに対して，当代一流の文献史学者が参画され，また率先して意見を開陳してシンポジウムを盛りあげる様子は，かつては見ることができなかった。考古資料に寄せる並並ならぬ関心の度合いがそこにあらわれている。

中世の考古学にとって，現在的に直面しているテーマは山積しているが，なかでも都市についての関心が高い。中世史の研究において都市研究が一世を風靡したことは記憶に新しいが，考古学の分野においても都市の遺跡調査が注視されている。また，都市とともに荘園遺跡についての関心も増えてきている。日本の中世都市を考えるとき，その大部分は荘園と有機的関係のもとに形成

されていることもあって，とくに地域における集落の実態究明は荘園遺跡の調査と重複する。さらに，加えて地域の集落のあり方を考えるとき城館跡の存在が着目される。城館それ自体，地域において単独で形成されているものではなく，地域における集落の構造体の一つとして機能している。したがって，城館跡の調査と研究は，すぐれて地域における集落形成と関連づけることが肝要であると言えるであろう。

墳墓の研究も都市研究にとって重要である。かつての墳墓研究は，墳墓の分析に主体がおかれてきていたが，墓域の空間領域は都市域との相関関係で成り立っているものであり，都市と集落とは無縁の存在ではあり得ない。

さらに，都市と集落をめぐる政治的・経済的背景についての関心も見逃すことのできないテーマである。そこに集結される多くの物質は，それなりの意味をもっているはずである。土器の類，銭貨が考古学の対象として研究が進められ，多くの成果が挙げられている。

なかでも土器に関する研究の進展が著るしい。ごく最近にいたるまで，中世の土器類と言えば，六古窯中心であったが，いまや中世陶器の生産地が，各地域において追究されるようになり，ついで，それぞれの在地産の土器の実態についても明らかにされつつある。近年，大和における中世土器についての研究が"大和古中近研究会"によって精力的に進められ，瓦器と土師についての知見が飛躍的に増加したのはその顕著な一例である。また，貿易陶磁についての研究も"貿易陶磁研究会"に集う各地の研究者によって新知見が陸続ともたらされるにいたっている。

中世考古学の研究にとって，土器を基準とする年代判別は必須の基礎的作業であり，この種の研究の深まりはおのずから，中世考古学としての発言権を強化することになっていくことは疑いない。

都市・集落の研究にとって墳墓とともに注目されるのは信仰の場としての神社・寺院の存在である。中世に限らず，信仰の場のあり方は，人びとの生活空間と無関係ではない。ただ，中世の神社なり寺院なりの多くは，近世を経て現在に法燈を続けているため，考古資料のみによる把握には限界がある。ために，その調査研究は，都市・集落のなかに空間的に位置づけることは可能であって

15

も，具体的に人びとの生活の接点をナニに求める
かが検討されなければならないであろう。

都市をめぐる中世考古学の研究は，対象遺構の
相異はあるにしても着実に進められている。そし
て出土する多くの遺物にまつわる研究も進展して
いる。このような動きは，中世の考古学研究に対
する理解の深まりであり，より将来の進展が期待
されているのである。

3 中世考古学の展望

中世の考古学は，各地域において着実に進んで
いる。文献史料の存在が認められぬ地域にあって
も，そこに人びとの生活の痕跡を考古資料の認識
によって想定することができる。したがって，各
地域において寧日なく実施されている発掘によっ
て出土する中世遺物の存在は，明らかに中世史の
展開を物語る物証であり，中世考古学としての対
応が必要になってくることは言うまでもない。

中世の考古資料は，即出土物である，という認
識もたしかに一部に存在するが，考古資料とは考
古学において対象とする研究資料であり，それは
物質的資料である。したがって，歴史的な存在物
である物質的資料は，地下あるいは水中に存在す
るものであれ，地上に認められるものであれ，存
在の状態によって峻別さるべきものではない。中
世考古学の研究資料はとかく発掘資料に眼が注が
れる傾向があるが，地上の資料にも留意すること
が必要である。地上資料に対する正当な評価こ
そ，発掘（地下）資料の学問的な分析にとって必
要欠くべからざるものであると言えよう。

中世史の研究に民俗学的視点の導入が試みら
れ，豊かな成果がもたらされつつあるが，地上の
物質的資料の活用において考古学の領域と重なり
あうことも少なくない。それは，発掘資料の場合
においても同様であり，一つの共同研究の方向が
認められる。

また，現在，絵画史料の活用による中世史の復
元が展開しているが，それに考古資料を介在させ
るとき，より具体的な説明がなされることになる
ことは明らかである。ただ注意すべきことは，絵
画史料そのものに表現されている場景が歴史的な
断面を正しく切りとったものであるか否かの検討
がなされなければならないであろう。とくに絵巻
物を史的復元に用いるとき，このような視点を設
定することが肝要である。絵画史料は，とかく臨

場感を醸し出しているものであり，その情景を歴
史的検討なしに鵜呑みすることは危険性をともな
うことになる。絵画史料を考古資料の解釈に用い
る方向は顕著であるが，史料そのものの性質を充
分に理解することによって，より具体的な歴史事
象の復元に有力な効果を発揮することは疑いな
い。絵画史料そのものの活用は，考古資料の歴史
的意味を考えるとき，きわめて重要であり，それは
都市における市場の光景，信仰の情景，墳墓の場
景などのイメージアップに連動する。考古資料を
歴史の一駒として位置づけるとき，絵画史料との
対比検討はますます重要視されてくるであろう。

中世考古学の研究が，いまほど高揚していると
きはない。とかく，中世の考古学研究がごく最近
において開拓されたかのごとき言辞も側聞される
が，日本考古学の学史を紐解いてみるとき，その
関心が古くよりなされてきていたことが判然とす
る。しかし，それは一部の識者による先駆的な対
応であって考古学界そのものの展開のなかにおい
て占める度合いが小さかったことは事実である。

1970年代以降，考古学と文献史学，それに加え
て民俗学などの関連分野による連携研究は，日本
の中世史研究に新しい視点を提供するところとな
った。とくに，ここ2～3年来の動きは活発であ
り，各地域において中世に視点を絞った意見交換
の場が設定されてきている。そこでは考古資料を
俎上にのせて，関連する分野の解釈論が展開され
ている。たしかに地域における歴史像の復元にと
って考古資料は有力な歴史的物証として登場する
が，考古学側による発言は，あくまで歴史資料の
年代的な位置づけ，その時点における空間的な資
料のあり方の実態についての説明に主力が注がれ
ることが多い。一方，それを踏まえての文献史学
側の対応は，躍動した中世史像の復元へと展開し
ていく傾向がよく認められる。考古学は，考古資
料の提供者であると同時に歴史像そのものに対し
ても果敢にとり組んでいく方向が大いに期待され
る。それは，明日の中世考古学の確立にとって不
可欠のことであり，“中世学”の一つの方法とし
ての役割りを果すことになるであろう。

中世の，とくにその前半に視点をおいた本特集
の意図は，さきの特集「戦国考古学のイメージ」
（第26号）に続くものであり，中世考古学の現状に
ついて主として考古学側にたつ研究者よりの意見
開陳である。

特集● 中世を考古学する

中世考古学の方法

中世考古学研究の方向は，現在どう示されており，今後どう考えていかねばならないだろうか。中世史と歴史民俗学から考える

中世史研究と考古学／歴史民俗学と中世考古学

中世史研究と考古学

比治山女子短期大学教授
松下正司
（まつした・まさし）

中世考古学の進展によってその成果は編年研究だけでなく，交易や民衆生活の実態，さらには精神生活の一端をも解明しつつある

　与えられたテーマは，考古学研究者よりも中世史研究者の執筆すべき題材のような気がする。考古学的な研究に取り組んでいる筆者がこのようなタイトルのものを引き受けるには，いささか抵抗がないでもない。しかしこれは考えてみると，これからの研究の方向を的確に示しているのかもしれない。考古学の関係者からみた，中世史研究としての考古学について考えてみたい。

1 研究史的にみた中世の考古学

　筆者は中世の遺跡調査に約30年かかわってきた。本格的に取り組んだのは18年前であるが，現在の中世の考古学の進展と共に歩んできたといってもよいであろう。中世の考古学は，この30年間に大きく発展した。遺跡も研究者の数も，研究への取り組みも飛躍的に増加しており，20年前いや10年前と比べても質・量ともに雲泥の差がある。
　1961年に草戸千軒町遺跡の調査が始まった頃には，もちろん中世集落跡の調査例はほとんどなく，当時としては珍しい取り組みであった。この時の調査に参加した筆者の正直な感想は，「こんな面白くもない遺跡を掘って」と思った。今考えれば誠に恥ずかしい限りである。これは，当時は出土土器の産地や年代が全くわからず，遺構も余

り明確なものが検出されなかったからである。変化の乏しい土師質土器（その時はそう思ったわけであるが……）や，当時の遺跡調査で新しい時代のメルクマールになっていた青磁や白磁に考古学的な面白さを感じなかったのである。また集落跡は当時のような小規模なトレンチ調査で検出できないのは当り前の話で，若気の過ちであったことは間違いない。その後，手探りの中で関係者の努力によって陶磁器の産地研究や年代の推定が行なわれ，少しずつ解明が進んで中世の遺跡の重要さも認識されるようになり，全国各地で取り組みも始まるようになってきた。
　この段階での研究は，出土遺物の考古学的な研究 すなわち 産地同定や 編年的研究に 主眼がおかれ，まず時代の手掛かりを得ることをめざしている。遺構の調査も小規模な調査であったため，考古学的な究明が中心で，中世史研究者の見解や成果を取り入れるまでもなかった段階といえよう。
　1972年の朝倉氏遺跡調査研究所，1973年の草戸千軒町遺跡調査研究所の設置による城館跡・集落跡の大規模な調査の開始は，中世の遺跡の重要さの認識と，調査研究の本格化を促した。両研究所とも調査の中心は考古学研究者であったが，調査員には中世史研究者や建築史研究者が加わり，調

査に当たっての指導委員会にも考古学者のみならず，文献史学者，建築史学者，古陶磁学者，保存科学者などが加わり，一応総合的な研究体制を整えて行なわれるようになった。

この段階で中世遺跡の調査は発掘という考古学的手法で行なわれるが，中世史研究者の見解や考え方も取り入れて調査・研究が行なわれるようになった。ただそうした研究法が，両者相まってうまく行なわれたかどうかは見解のわかれるところであろう。また小規模な調査や地域の調査体制によっては，従前通り考古学関係者のみで調査が行なわれていたのも確かである。

こうした中で，草戸千軒町遺跡から4,000点にものぼる多量の木簡が出土し，古代と同様中世にも木簡が使用されていたことが明らかになった。文書史料の全く無い遺跡であるだけにその解読が期待されたわけであるが，古代の木簡と異なり仮名で走り書きされているため解読が困難であること，呪符などの特殊な資料もあることがわかった。この解読にあたっては，研究所の史料担当者のみでは手に負えないため中世史研究者の協力を願った。これに応えて中央大学の佐々木銀弥教授を代表とする中世木簡の解読のための研究グループができ，科学研究費を受けて解読と研究が行なわれた。これで中世の考古学には，歴史学や民俗学など諸学との共同研究が必要であることがわかってきた。

また，各地で中世の遺跡の重要性が認識され，発掘が行なわれるようになってきた。とくに都市の再開発に伴う中世都市遺跡の調査，道路建設に伴う中世村落遺跡の調査など，大規模な調査が次第に行なわれるようになってきた。こうした調査の増加に呼応して1980年代の初めには，中世の考古学をタイトルとした出版物が刊行され，雑誌も特集で中世考古学を取りあげるようになった。歴史学者の巻頭言や歴史学者と考古学者との対談で，遺跡の重要さと文献史学・考古学の共同研究の必要性が説かれている。こうした方向とともに，歴史関係の学会・研究会などで中世遺跡の調査成果が発表されるようになってきた。

この段階では，考古学研究者は中世史研究者の見解を聞き，中世研究者も中世考古学の成果を受け入れようとするようになったといえよう。考古学研究者は，発掘による成果を中世史の中にどのように位置づけ，また研究成果とするかに苦慮し

ていた段階と言える。しかし，お互いの研究方法の違いや取り組みの違いから両者が一体化して研究が進むというわけには行かなかった。

1980年代の後半になってくると，各地で大きな成果が出始めた。とくに都市遺跡の調査成果は急激に研究を進展させた。出土遺物の増加に伴って考古学の研究会も盛んになり，土器・貿易陶磁器・漆器・呪術の研究会などが盛んに開催され，資料の収集や情報の交換が行なわれるようになった。こうした研究会に中世史研究者が参加されるようになり，意見交換も盛んになってきた。

また，歴史学の面では文献史料や絵画資料による中世史の研究が進み，中世史関係の研究書や一般向けの本も多くなった。そして，中世史研究者による発掘成果を取り入れた積極的な発言が行なわれるようになってきた。

2　中世の考古学と学際研究

最近は中世の遺跡調査や研究が進展し，その成果が雑誌の特集や著書・講座本などで盛んに紹介されるようになった。本誌のこの特集もその一つであるが，雑誌の特集は考古学者の企画・編集となっている場合が多い。これは各地の発掘成果を中心に編集されることが多いので当然といえばそれまでである。ここで注目されるのは，平凡社の「よみがえる中世」シリーズで，企画・監修が中世史の代表的な学者で，編集も比較的中世史関係者が多い。「刊行にあたって」のなかで「文書・史料にあらわれることのない世界が，歴史のなかで大きな役割をはたしているのです。……歴史学と考古学，さらに民俗学の協同によって，このもう一つの世界に光をあて，私たちのあしもとに埋もれていた〔中世〕を今によみがえらせることをめざして企画されました」と述べられている。中世史研究者の意欲がよくわかる。

ところで講座といえば，岩波講座の『日本考古学』が中世の考古学的成果をほとんど取り上げなかったことが話題になっている。ある意味では現在の考古学界における中世の考古学の評価なり，位置づけの一端が表われているようにも思われる。このことは中世史研究者から批判されているが，中世の考古学に取り組んでいるものにも大きなショックであったことは間違いない。これに対して講談社の講座『古代史復元』が最終巻を「古代から中世へ」として，15年前の講座『古代史発

掘』では無かった中世の考古学が取り上げられた。これを手にした時，中世考古学の意義と役割を疑う人はもはやいないのではなかろうか。

こうした出版物の現況に，中世の遺跡に対する考古学研究者と中世史研究者の見方や考え方，方向の違いなどがうかがえる。中世史研究者が注目し評価してくれているわりには，考古学界の中での中世あるいは近世の考古学に対する位置づけは，残念ながら未だ評価されているとはいえないように思う。中・近世の遺跡の取り組みが近年全国的にこれだけなされながらのこうした状況は，先史考古学を中心に歩んできた日本考古学の歩みに起因するのであろうが，中世の考古学に関わってきたわれわれの責任もあるのかもしれない。考古学研究者にも認知され，中世史研究者の期待に答えられるようにならなければならない。両者相まって研究が進められなければ，成果は期待できないし研究は進展しないであろう。

ところで，最近この問題を正面から取り上げた報告集が出版された。今回のテーマにかかわっているので，紹介がてらこの中から問題点を探ってみたい。石井進編『考古学と中世史研究』（名著出版，1991年）である。これは1990年4月に帝京大学山梨文化財研究所主催で行なわれたシンポジウムの記録である。残念ながら，筆者は参加していないので生々しいシンポジウムの様子はわからないが，「―中世考古学及び隣接諸学から―」と副題のついたその会の全容は，本書から十分うかがうことができる。基調講演は中世居館・陶磁器・鋳物師・両墓制・板碑などについて，考古学・民俗学・歴史学研究者からの問題提起とともに石井進氏の「中世史と考古学」が行なわれ，最後に主題の「考古学と中世史研究」の討論がなされている。石井進氏がはしがきで開催の趣旨を「近年，歴史考古学，特に中世考古学の著しい発展と，文献史学，民俗学等隣接諸学との学際的協同研究が進むなかで，中世史研究に多くの成果や新しい課題が生れている。しかし，その研究体制の充実と研究方法論の確立にはなお一層の努力が必要とされている。」とし，「関係諸学の研究者が一堂に会して〔考古学と中世史研究〕にかかわる諸問題を討議したことは，未だかつてなかったのではないか」と述べておられる。これは確かに中世の考古学にかかわっている者の現在直面している課題であり，画期的なシンポジウムといえよう。

さて，この討議のなかで話題となっているのはまず発掘調査報告書の問題で，読みずらい，使いにくいという批判である。報告書に格差があり，中世史の成果を取り入れていないため使えない報告書があること，報告者の個性で精粗があり出土状況の不明なものもあること，記載の内容を均一化してほしいなどの意見が，文献史学・建築史学・民俗学の研究者から出されている。また，考古学の研究者も自戒を含めて記録化が充分でない，分類の基準もその精粗も違うと述べられている。つまり，発掘資料の客観化がなされていないのではないか，それでは使えないではないかという批判である。また，古文書などは調査後にも見直すことができるが，遺跡の場合は調査後に見直すことは不可能なので，発掘中に現場で学際的な共働が必要であるとする意見などであった。

これらの指摘は，考古学に携わる者としては誠に頭の痛い問題である。常にわかりやすい報告書をと，誰しも考えてはいるのではあるが現実はなかなか難しい。発掘に追われ，取りあえず調査概報で切り抜けている現状は深刻である。広大な面積の大規模な調査で，細大もらさずしかも遺漏なく記載することはなかなか至難の技である。勿論，だからといっていい加減な報告書で済まして良いということではない。こうした現実のなかでどのように客観化した，濃密な報告書を作成するかが大きな課題なのである。関連諸学の人たちが期待しているように，報告書をみればすべてがわかるのが理想ではあるが，現実にはなかなか難しい。これは中世の考古学に限らず，発掘調査報告書のすべてにいえることで，完成された報告書の作成は考古学界全体の課題といえるのではなかろうか。もっとも現在の問題は，使える報告書を作成するとともに洪水のごとく出版された報告書をどのように入手し，読み，資料として生かすことができるか，そして中世史の成果とすることができるかにあるように思う。

なお，報告書の問題であえて発掘者の立場から一言いわせていただくならば，同書の中でも海老沢衷氏が述べておられるように，報告書でわからない点は発掘者なり調査機関に出かけるのが最良であると思う。最近の発掘は大規模であるが調査方法や記録は細かく，報告書に細かく記載されていない点も調査日誌や実測図には記録されて残っており，わかることが多いのではなかろうか。文

19

献史学者が実史料に当たって自分の目で確認されるように，考古学の場合も実物や調査記録にあたってみることが重要であると思う。研究者として遠慮は不用ではなかろうか。

　次いでこの討議の中で話題になっているのは，やはり学際研究の問題である。考古・歴史・民俗をはじめ，地理・美術史・建築史などとの共同研究の必要性が話されている。この中で，報告書にかかわるわけであるが成果の資料化の問題がでている。用語の不統一や概念の違いなどお互いが同一の土俵で語り合えない問題である。そこにはそれぞれの方法論の違いもあり，相互の成果を取り入れて大きな成果になしえない点がある。こうした点を解決したり進展させるために，お互いが研究会やシンポジウムで意見を出し合うことの必要性が話合われている。このことは誰もが考えながら実現していなかったことである。そうした意味で，このシンポジウムの果たした役割は大きく，こうした学際的な研究会やシンポジウムを今後継続して進める必要があり，またこのような記録集の発刊も重要であることを痛感した。

3　中世史研究と考古学

　近年の中世遺跡における考古学的な成果は目覚ましいものがある。中世の遺跡は，大きく集落遺跡・城館遺跡・生産遺跡・宗教遺跡に分類できる。代表的な調査を簡単に紹介してみよう。まず集落遺跡は都市と村落にわけることができる。都市遺跡の代表的な調査をあげれば，政治的都市としての京都・鎌倉，国際的な港町である博多・堺，瀬戸内の港町尾道・草戸千軒などがある。こうした都市遺跡の調査では，記録との対比研究が可能で，町割の復元や特定な場所，寺院，邸宅などの調査成果がある。とくに京都・堺などは火災の記録から出土遺物の編年研究に大きな役割を果たしており，史料研究と考古学的調査が一体となって大きな成果があがっている。一方，草戸千軒のように記録を全く欠いた遺跡もあるが，木簡の出土から市場町なり港町の様相が明らかになり，解読を含めて史料研究と考古学の研究方法の一体化が必要であることが明らかになっている。都市遺跡の調査にはとくに両者の果たす役割は大きいといえる。

　村落遺跡の調査では，山口県の下右田遺跡の調査で中世農村の景観復元がなされた。また畿内で

も中世村落が多数調査されている。最近は荘園の研究が，歴史学や地理学などと協力して各地で行なわれている。この荘園の研究こそ考古学や歴史学の単独では難しく，協力しあった学際研究が必須であろう。漁村集落についての調査例は少ないが，広島県の平松遺跡や熊本県の高橋南貝塚などで，貝塚をともなう遺跡が明らかになっている。

　城館遺跡の調査は全国各地で進んでおり，中世遺跡の調査では最も多いのではなかろうか。その中でも一乗谷朝倉氏遺跡の調査成果は大きく，朝倉氏の居館跡と武家屋敷，町屋などが次々と明らかになり復元整備も進んでいる。

　生産遺跡の面では，中世六古窯の調査をはじめ新たに明らかになった兵庫県の魚住・神出窯や岡山の亀山窯などの調査も行なわれている。焼物の生産地での調査成果は，消費地である集落遺跡などの出土土器の研究を飛躍的に進展させている。

　宗教遺跡の調査では，和歌山県の根来寺で坊院跡が次々と発掘され広大な寺院の様子が明らかになっている。また，静岡県の一の谷墳墓群など，群集した墳墓も各地で調査されている。

　こうした遺跡の調査成果を基にして，最近は遺物の考古学的な研究が飛躍的に進展している。中世土器や貿易陶磁器の研究，漆器，呪術資料の研究などなど，その成果は考古学的な編年研究だけでなく，交易や民衆生活の実態，さらには精神生活の一端をも解明しつつある。これは絵画資料による中世の解明と同じように，出土遺物から中世を解明し始めているといえる。かつていわれたように，考古資料が文献資料の足りないところを補うのではなく，今や出土遺物が中世の生活を明確に語っているといえるのではなかろうか。

　中世考古学の成果は，それ自体が中世史の解明であり，考古学から見た中世像なのである。

　先の山梨シンポで文献史学の五味文彦氏が「考古学の独自の中世像をつくってほしい」と重要な指摘をしておられる。また坂詰秀一氏も「中世考古学は，〔中世学〕の一翼としての役割を果たすと同時に，独自に中世の実態を明らかにすることを目的としている」（『日本歴史考古学を学ぶ』下，p.231,有斐閣，1986)とされている。中世の考古学に求められ，進めて行くべき方向が示されている。

　「中世史研究としての考古学」こそ，これからの進むべき道であろう。

歴史民俗学と中世考古学————■ 小花波 平六

東国文化研究会
（こばなわ・へいろく）

歴史民俗学の成果を活用した中世考古学の研究を，
板碑を中心に音，色，空間などの問題からとらえる

最近の考古学の進展のすさまじさは，まさに日新，日進で，舌を巻くばかりである。とくに，私たちの最大関心事である「中世遺跡の調査」も，日ましに盛んで各方面で多大の成果があげられている。本稿では最近発表された歴史民俗学の成果を活用したいくつかの事例をあげ，中世考古学について考えてみたい。

1 音の考古学

最近の考古学界には，古代人の身体的感覚の世界にふみこんだ研究が，つぎつぎに発表されている。この音研究の口火を切ったのは奈良県立橿原考古学研究所附属博物館における「音の考古学—古代の響—」の特別展である。この展示は1982年（昭57）のことであるが，このあと下記のように続続と古代の音をとりあげた研究が発表されている。

すなわち，1990年（平成2）には山梨県立考古博物館で，「古墳時代の音が聞こえる」，ついで翌1991年（平成3）には，埼玉県立博物館で「音のかたち—日本の音を探る」および福島県立博物館にて「日本の音色—楽器の源流をたずねて」が発表された。そしてこの年の10月には橋本博文氏の『音の考古学—鳴らない馬鐸』（『月刊歴史手帖』19巻10号，1991年）が発表された。ともあれ以上ではおもに古代の音が扱われている。ところで中世の音をとりあげたもので特筆されるのは千々和到氏の「誓約の場の再発見—中世民衆意識の一断面」（『日本歴史』422号，1983年）である。

そこで，この論文に示された中世の音に関する千々和到氏・峰岸純夫氏らの見解を紹介しよう。

2 中世の音

中世の誓約の場においては，起請文が焼かれ，その灰を呑むのが一般的であった。なぜそのような行動をとったのか。それは神仏に自分たちの意志をつたえるためである。この時，空にむかって立ちのぼる煙を見るのは，自分たちの意志が天に

とどくことの確認であり，紙が焼けて灰になるのは，相手が受けとったことの証明とみていると言い，一種の神判になっていると説いている。しかもそれだけではない。氏は中世の誓約の場の光景を，みごとなまでに生き生きと描き出している。すなわち，「鐘の音や誓言の声が，おごそかに流れ，煙が立ちのぼり，香ばしいかおりが充満し，つぎつぎに神水をのみかわす。つまり神の意志と人の意志とが通じあったことを，また，神がその場に臨んだことを，目で見，耳で聞き，鼻でかぎ，口で味わうことによって確認する。いわば，聴覚，視覚，嗅覚，触覚，味覚の，人間の五官の全てが働きかけをうけるような場だったのである」と。さらにこのような五官を総動員しての働きかけによって，中世の人々は，そこに神と共にいるという臨場感に，身のひきしまる思いを覚えたのであろうと述べている。つまり神仏の来臨は，中世の人々の身体的感覚によって実感されたというのである。

ところでさる1991年（平成3）11月，東京都町田市立博物館において，牛玉宝印の特別展が開催された。その時会場に，多くの牛玉宝印や起請文とともに陳列されたのが「さなぎの鐸」とよばれる諏訪大社の宝鈴である。これは諏訪上社の神職神長官が所管する神器で，鉄製で筒形をしており，6個宛3組に麻縄でくくられている。これを棹の上につるして，誓約の場で振り鳴らしたという。

その実例は，天文4年（1535）に武田信虎と諏訪頼満が和睦した時，堺川で，この鐸が鳴らされた。そのことは『神使御頭之日記』によりわかるという。

中世にはこの例のほか「金打」といって，刀や鐘を打ちならしたり，また鐘や鈴をならした事例が，峰岸純夫氏によって「誓約の鐘」と題し発表されている（『都立大学人文学報』154号）。なお諏訪神社の宝鈴に関しては，笹本正治氏が『中世の音・近世の音』（名著出版，1991年）に詳しく述べている。ともあれ，誓約の場で鐘が鳴らされたの

は，その場に神を招くためだったにちがいなかろうが，今後このような鈴や鐘や鐸などが発掘されることも予想されるので，ぜひ「音の考古学」への関心を高めていただきたいと念じている。

3　色の考古学

民俗学では色に関し，たとえば白の民俗とか，赤の民俗などと題する研究が発表されている。考古学的な研究においても，色について考察検討した研究が，いくつか発表されている。そこでまず中世石造物の色に関する研究事例をとりあげて考えてみたい。

まず千々和到氏の著『板碑とその時代』（平凡社，1988年）があげられる。この著書の「板碑の立つ風景」の項に，色に関する考察がかかげられている。要約すれば「青」は「霊界」をあらわす色である。そこで霊界の亡き人を弔らうのに青色の板碑は，ふさわしいものという主旨である。いずれにしろ，中世人の地獄への恐怖など，霊界に対する思想の探求は，考古学とくに中世考古学では重要な課題のひとつといえよう。

このことに関して私も，さる1989年（平成元），『豊島区の板碑』（豊島区教育委員会発行）に「豊島区の板碑と板碑研究の課題」と題して小論を発表した。その要点は緑泥片岩板碑の青と常総型板碑の黒，および金箔板碑の金色に対し中世人はどのようなイメージをもっていたのか，その点について考察したものである。

緑泥片岩の青の色は霊界と人間界との結界の色，黒は暗いやみの冥界の色，そして金色は極楽浄土の世界の色である。中世の人々はこれらの色にこのような感性をもっていたのではなかろうか。

まず青が聖と俗との結界の色とみた証拠に，青色の竹を四隅にたてた中の聖域はもがりとよばれるし，あらき(殯)の棺をおさめる宮の儀礼には「青飯」が用いられ，さらにあおふしがきとよばれる儀礼もある。このように青は冥界と俗界の境の標示に用いられてきた。古くからのこのイメージが，中世の人々の感性となり，板碑にも青色がふさわしい色として白や赤の石よりも，緑泥片岩の青色の板碑がより多くより広く普及したのであろう。また常総型板碑の黒っぽい石も，冥界に通ずる色で，やはり死者の供養のために立てる石として，ふさわしいと観念されたのではなかろうか。

つぎに金箔板碑の金色についていえば，死者が

図1　室町時代の金箔板碑
（東京都板橋区出土。四葉遺跡調査会提供）
弥陀三尊と光明真言の梵字に金箔が渡る。

極楽世界，つまり金色の仏の国に再生し安楽にくらせるようにとの願望を表示した色にちがいない。このような観念があったればこそ，亡き父母や師長のため，あるいはおのれ自身の死後再生のために，金色にかがやく金箔の板碑をつくったのであろう。

ところで板碑が三年忌なり七年忌などの供養に造立されたならば，それに伴う土葬・火葬や年忌法要の儀式・儀礼が催されたにちがいない。また，一体板碑は，どこにどちらの方向に向けて立てられたのかなど，明らかにすべき課題は少なくない。板碑の色，そして光と影，さらに造立空間と霊魂観の問題など，課題は少なくないのである。

4　空間の考古学

話が石造物，とくに板碑にかたむいてしまったが，空間の考古学の問題も，板碑に関連する柘植信行氏の二論文によって考えてみたい。柘植氏の二論文とは「都市形成と儀礼域の変容―品川の民俗空間試論」（『都市周辺の地方史』雄山閣出版，1990

送儀礼空間を想定，品川湊の繁栄を
バックに中世寺院の形成，それに目
黒川をはさむ二つの天王社の意義な
ど重要な問題点を提起された。また
後者の論文では，品川の中世寺院の
形成の素型が，中世の品川湊を背景
とした都市形成の中でどう形づくら
れたか，信仰上でも海上交通のかか
わりの大きなことを詳しく検証され
ている。ところで考古学的には，御
殿山出土の121基の板碑の丹念な分
析が，寺院形成や信仰空間の考察に
貴重な役割を果している。紙数が
ないので不十分な解説しかできない
が，空間の考古学も，歴史民俗学の
成果を活用することによって，さら
に効果の高まりが期待される。なお
『板碑研究情報誌・東国文化』の各
号には，研究報告書一覧が掲げられ
ている。その他最近の中世考古学に
関する報告・研究は各県市町村の考
古学関係報告書や歴博研究報告（第
9・28集）などに見えるのでその活
用も望まれる。

5 まとめ

以上，中世考古学に歴史民俗学を
どのように活用して研究をすすめた
か，いくつかの事例をあげて解説し
た。ただ本稿では板碑を中心にした
けれども，対象の資料は中世のあら
ゆる物質的資料であることは言うま
でもない。それとともに中世考古学
といえども，考古学であり，研究法
もその方法によるべきであろう。た
だ中世考古学では「絶対年代」をふ
まえた調査・研究が可能である。ま
た歴史民俗学の成果の活用や応用も
でき，これによって新たな見解や方
法の生まれることがおおいに期待さ
れる。現在地中，水中などから日々
新しい資料が出現し増加している。
そこで中世考古学にも新たな成果の
生まれることが期待される。そのゆ
たかなみのりの実現を祈りつつ筆を
おく。

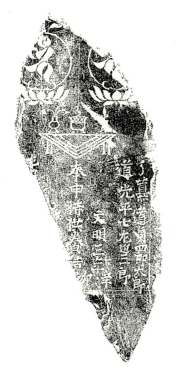

（上部梵字欠失）
バク　バイ
了壇道貞　四郎太郎
道光　平七　左近三郎
奉申待供養結衆　文明三年辛卯

図2　最古の庚申待板碑
（文明3年〈1471〉）
（埼玉県川口市実相寺蔵）

（天蓋）
（弥陀三尊像）
（三具足）
奉庚申待供養
大永八年
閏九月三日
助左衛門　四郎三□（郎）
道林　孫次郎
新三郎　左衛門太郎

図3　画像庚申待板碑
（大永8年〈1528〉）
（東京都豊島区巣鴨とげぬき地蔵蔵）

年）と，「中世品川の信仰空間―東国における都
市寺院の形成と展開」（『品川歴史館紀要』第6号，
1991年）である。

柘植氏は前者では，中世での御殿山をめぐる葬

23

特集 ● 中世を考古学する

都市と集落

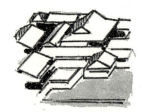

中世において，都市や周辺の集落はどういう意味をもつだろうか。発掘調査例を具体的に検討しながら中世を読みとってみよう

中世都市遺跡調査の視点／中世都市遺跡の調査／
中世荘園村落遺跡の調査／中世「方形館」の形成

中世都市遺跡調査の視点

富山大学助教授
前川　要
（まえかわ・かなめ）

都市的遺跡は考古学上から13世紀代にはかなり普遍的に存在していたとみられるが，中には12世紀代に遡る可能性もでてきている

　本稿では，中世都市遺跡調査・研究の視点の方法論を中心にして，従来の発掘調査事例を具体例を検討しながら，述べてみたい。

　ただし，紙数に制限があり，図版などの点で十分に意を尽くせないことをあらかじめお断わりしておきたい。

1　中世遺構を読み取るうえでの空間認識

　従来，考古学研究における中世都市としては，一乗谷朝倉氏遺跡や草戸千軒町遺跡の発掘調査が著名であり，考古学独自の方法で都市遺跡の実像を示した。しかしながら，最近の都市史研究の動向は，方法論的に若干異なった指向を示している。これらの研究史と方法論的問題点については，拙著で詳論しており[1]，それを参照して戴きたいが，以下に要点をかいつまんで再論する。

　その方法は，88年清須シンポジウム[2]の中で示されたが，愛知県清洲城下町遺跡という具体的資料を用いて，制限された発掘調査区の中での検出遺構が都市遺跡全体の中でどのように位置づけられるか，あるいは，清須という都市遺跡が中近世都市遺跡全体の中でどのように位置づけられるか，という点である。さらに，都市構造のみならず周辺の村落のありかたや尾張国内の中心集落網の形成の問題にまで言及しており，地域の中での都市という視点に至っている点である。

　これらの研究の視点は，皮肉にも網野善彦ほか著『沈黙の中世』（平凡社，1991年）などに述べられているように，中世史研究における絵図研究などの社会史の台頭に影響を受け，本来考古学が独自に持っているはずの様式論的視点が喚起された形になっている。従来の都市考古学の研究は，個別細分化に陥り，空間認識に欠け，全体史的展望が弱くなっている点を確認しておきたい。

2　地域構造の中での都市
――村落研究の重要性

　筆者は，以前この88年清須シンポの方法論を生かしながら広義の考古学的方法を使用して，各時期の画期を挙げながら，中世越中の集落構造と流通機構の変化を検討することにより中心集落網の分析を行ない，地域構造を明らかにしながら論じたことがある[3]。

　さらに，清須城下町周辺の村落についても，佐藤公保氏によって論じられている[4]が，それによると，城下町周辺の村落は，12世紀後半に明確に出現し，13世紀後半から14世紀代にピークをむかえ，15世紀中葉頃には消滅していくとしている。

村落の最盛期の歴史的背景を，この頃尾張の代表的な荘園である富田荘や篠木荘が地頭請になっていることに求め，在地領主の勢力の伸張により，清須城下町周辺の微高地や低湿地などの開発が本格化したのであろうと考えている。さらに，15世紀中葉頃村落が消滅する現象を全国的にみられる集村化と同様に，現在の集落の下に移動した結果と想定している。

これら越中と尾張の中世村落の動向は，酷似しており，佐藤氏が指摘するように，かなり全国に共通する動向なのであろう。この14世紀後半から15世紀前半頃の変化を千田嘉博氏は，「室町期社会体制の変革」と呼称して意義づけしている[5]。

もちろん，中世集落が成立して，開発が進行すれば，商工業者の一定程度の分離がみられると考え，それが再編されれば，都市的遺構が明確になると考えることは論理的には自明である。つまり，村落を含み込んだ地域構造の中で都市遺跡を考えていけば，かなりダイナミックな考察が可能となる。

3　中世都市の成立と展開

ところで，文献史学サイドでは，中世都市の成立について，どのような見解があるのであろうか。保立道久氏は，草戸千軒町遺跡において平安末期には居住が確認できるとして，町屋の原型を12世紀代に求めている[6]。この点については，以前反論したことがあるが，岩手県柳之御所遺跡から，興味深い事実が判明してきている。詳細は後論にまかせるが，明らかに藤原氏の居館と，遺構については不明であるが，それにともなう商工業者の存在を示す遺物が出土している。

広島県草戸千軒町遺跡では，13世紀に町場機能をもった中世村落が成立して，14世紀第2四半期頃，街村状に，西方に南北道路と短冊型地割が成立する。これが，街村状遺構の最古の事例であるといえよう。そして，15世紀代に大きく柵で囲った地区と方形館が成立している。

青森県十三湊では，発掘調査は実施されていないものの，1991年国立歴史民俗博物館が実施した分布調査の結果[7]，13世紀に若干の遺物がみられ，14世紀後半から15世紀中葉に盛行期があり，都市域を画する巨大な土塁が存在することが判明してきた。

石川県普正寺遺跡は[8]，遺構については不明

瞭であるが，14世紀後半から15世紀中頃の港湾都市遺跡であり，以上2遺跡の存続期間と一致する。

次に鎌倉であるが，詳細については後論によるとするが，重要な遺構として，まず第一に方形竪穴建物の動向があげられる。これは，従来「方形土壙」「中世竪穴遺構」などとも呼称されていたが，単なる土壙とは異なり，できれば住居に限定して使用したい。

鎌倉市内で40を超える多数の地点で検出されており，とくにJR鎌倉駅，由比ヶ浜の砂丘上，今小路周辺の三つの地域に集中している。この用途については，専用住居，作業場，倉庫などが考えられるが，少なくとも武士階級以外が主として使用した場所と想定して大過なかろう。さらに興味深いのは，鎌倉における構築年代が14世紀に確実に限定される事実である。全国的な分布をみると，北海道南部，東北，関東，甲信越（越中まで）地方と南九州地方にほぼ限定される。そして，時期幅は，12世紀中葉に若干出現するとされているが，14世紀から16世紀までに及んでいる。この方形竪穴建物の起源を古代の竪穴式住居に求める考え方もある[9]が，鎌倉で14世紀代に掘立柱建物と方形竪穴建物との有機的あるいは空間的関係が再編されたのち，それが東国や東北地方に広がるのであろう。

栃木県下古館遺跡[10]は，周知の遺跡であるが，東西約160m，南北約480mの規模で長方形に堀が囲んでおり，中央を幅約7mの道が通っている。存続期間は，12世紀後半から15世紀前半までであるが，盛行期は14世紀とされ，堀が掘削されたのもその頃の可能性がある。遺跡の性格としては，宿の可能性があげられている。

4　おわりに——都市遺跡の諸画期について

以下に，従来の知見もふまえて，考古学からみた中世前期から近世初頭にいたる，都市遺跡全体の大筋の動向を以下に示してみたい（図1参照）。

まず，畿内周辺と畿外では，かなり様子が異なるが，畿内周辺では，10世紀後半から末にかけてと，12世紀後半から末にかけてに中世村落が展開することが判明しているが，畿外では，後者に重点がある。未だこの時期には，考古学的には街村状を示す確実な地方都市遺跡は確認されていないが，遺物を見ると，各地で中世窯が成立して流通

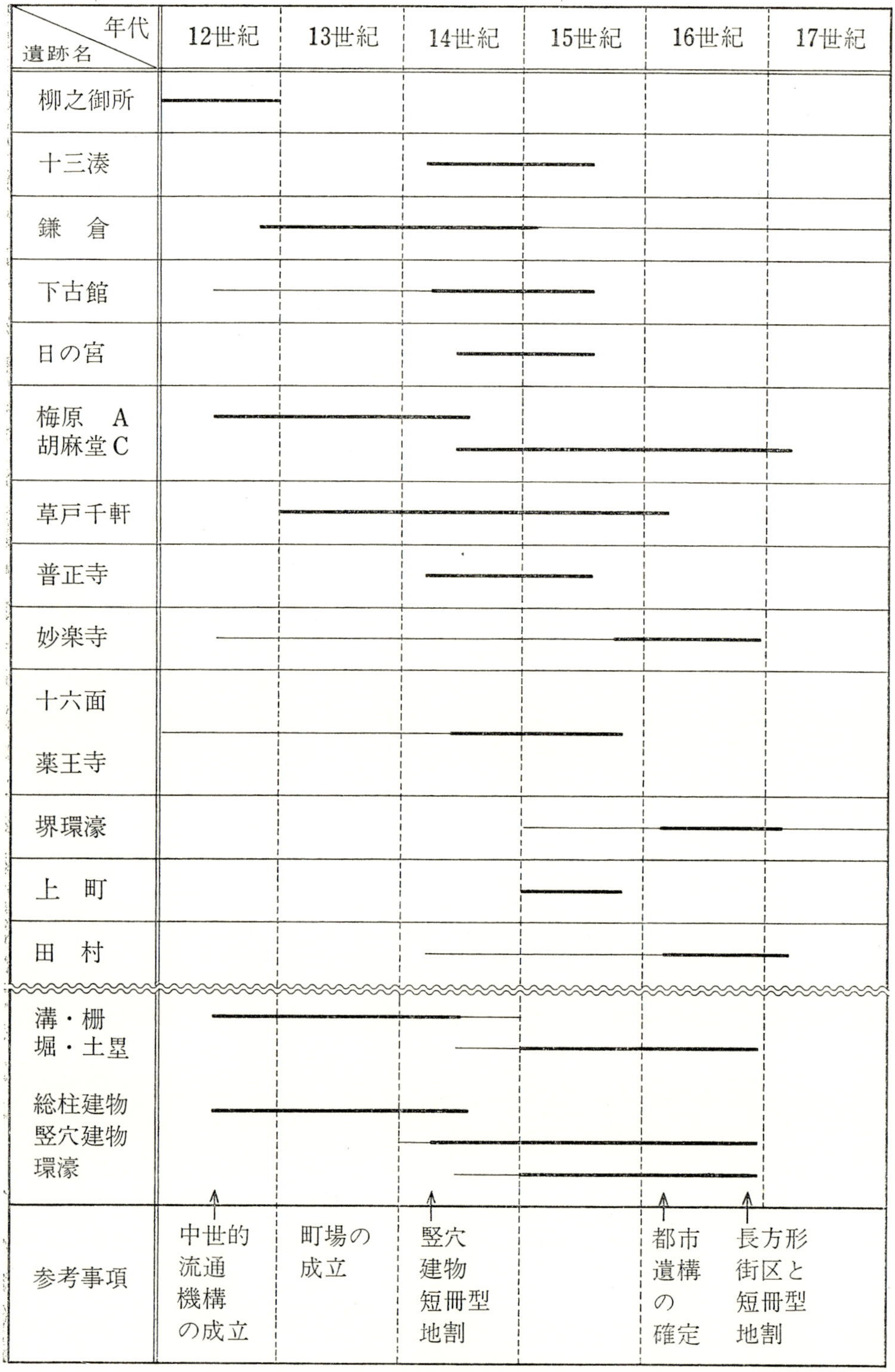

年代 遺跡名	12世紀	13世紀	14世紀	15世紀	16世紀	17世紀
柳之御所						
十三湊						
鎌倉						
下古館						
日の宮						
梅原　A 胡麻堂C						
草戸千軒						
普正寺						
妙楽寺						
十六面 薬王寺						
堺環濠						
上　町						
田　村						
溝・柵 堀・土塁						
総柱建物 竪穴建物 環濠						
参考事項	中世的 流通 機構 の成立	町場の 成立	竪穴 建物 短冊型 地割		都市 遺構 の 確定	長方形 街区と 短冊型 地割

図1　都市遺跡消長図

上記の遺跡のうちで，本文中で説明を加えなかったものの所在地は，
日の宮遺跡・梅原胡麻堂遺跡が富山県，田村遺跡が高知県，上町遺跡
が大阪府で，いずれも報告書が公刊されている。

しはじめ，さらに北宋銭が多数出土するようにな
り，柳之御所遺跡の状況をみると今後発見される
可能性は十分ある。この頃，静岡県磐田市一の谷
墳墓群のように，中世墳墓群が各地で見られるよ
うになる。

13世紀代には，畿内周辺畿外ともにかなり開発
が進み，各地でかなりの勢いで条里地割が実施さ
れていったようである。そうした中で，農村内に
おいて瓦器や国産陶器の専業的ともいえる分業が
実施され流通機構が確立して，後半には，草戸千
軒町遺跡のように町場的機能をもった集落が出現
してくる。また，埼玉県金井遺跡・大阪府真福寺
遺跡のように，とても農閑期副業とはいえないよ
うな，組織的鋳銅遺跡も出現する。

14世紀代には，畿内周辺では，条里水田はほぼ
満作化して集村する[11]。畿外では，分村して，愛
知県阿弥陀寺遺跡に見られるように，恐らくまだ
条里制にもとづいた開発は継続されていた。草戸
千軒町遺跡では，最盛期に達し，土器・陶磁器の
流入量は最も多くなり，明確な短冊型地割を中心
とした街村状遺構がはじめて出現する。栃木県下
古館遺跡や福島県石川町古宿遺跡は，流通の拠点
あるいは宿としての性格をもったものであるが，
東国においては，こうした環濠集落が出現してく
る。これらの遺跡において環濠が掘削される時期
は，明確には不明であるが，14世紀後半から15世
紀前半の可能性がある。奈良県十六面・薬王寺
遺跡[12]においても，13世紀末から14世紀にかけて
散村あるいは疎塊村形態であったものが，15世紀
に環濠が成立した後その中に凝集していく状況が
明確である。大宰府跡や周防国府跡のように，官
衙機能が衰退したのち，周辺の町場が12世紀から
14世紀頃まで残存する例が見られるが，多くのも
のは14世紀代には消滅する。

15世紀代には，畿外でも，現在の農村風景であ
る集村がほぼ完成した。後半から末には，瀬戸美
濃窯大窯編年Ⅰ期の遺物群や中国産青花・白磁・
青磁の流通が活発化して，清須城下町Ⅱ―1 a期
では，各地の城館周辺に中心地機能をもつ町場が
成立し始め，中心集落網が形成され始める。滋賀
県妙楽寺遺跡Ⅳb期（15世紀末〜16世紀中葉）はそ
の集落網の一端をなしていたと想定される。

16世紀代には，前半から中葉にかけては，方形
館や小規模城館の分布からみて，在地領主や村落
領主による狭小な谷地形や湿地の開発もかなりの

程度進められてきたことが推定される。中心集落
網は，この頃確立したと考えられる。畿内中心部
の都市堺環濠都市遺跡では，最近の成果を見る
と[13]，第2四半期頃，環濠，道路，排水溝，短冊
型地割のなかに礎石建物，土蔵，便甕，井戸，と
いった都市的な遺構はすべて揃う。墓地が，都市
に付随して明確に形成されるようになる。

16世紀末から17世紀初頭にかけては，それまで
の地方中世都市が統一政権下で大きく変化する。
まず，短冊型地割がどの都市でも見られるように
なる。さらに，その短冊型地割の中に建物・井
戸・便所・蔵などが基本的にセットで見られるよ
うになる。

以上かなり大雑把に推測を交えながら，地域差
をあまり考慮せず論述してきた。地域の中での流
通機構に着目すると，都市的遺構は，考古学から
は，少なくとも13世紀代にはかなり普遍的に存在
していたことが確認でき，さらに柳之御所遺跡を
見れば，12世紀代に遡上する可能性も出てきてい
る。今後，より詳細に地域構造の中で，城館・村
落の動向を見すえたなかで都市遺構の変遷を考え
ていく必要性が感じられる。

註
1) 前川 要『都市考古学の研究―中世から近世への
   展開』柏書房，1991
2) 東海埋蔵文化財研究会『清須―織豊期の城と都
   市―研究報告編』1989
3) 前川 要「中世集落の動向と流通機構の再編」
   『中世の城と考古学』新人物往来社，1991
4) 佐藤公保「清須周辺の中世村落」（註2）前掲書
   所収）
5) 千田嘉博「中世の社会と居館」季刊考古学，36，
   1991
6) 保立道久「中世民衆経済の展開」『講座 日本歴
   史3中世1』東京大学出版会，1984
7) 国立歴史民俗博物館1991年調査
8) 石川県立埋蔵文化財センター『普正寺遺跡』1984
9) 高橋与右エ門「発掘された中世の建物跡」『中世
   の里シンポジウム 資料集』1990
10) 田代 隆ほか『自治医科大学周辺地区昭和58〜63
   年度埋蔵文化財発掘調査概報』栃木県文化振興財
   団，1984〜1989
11) 広瀬和雄「畿内の条里地割」考古学ジャーナル，
   310，1989
12) 松本洋明ほか『十六面・薬王寺遺跡』奈良県立橿
   原考古学研究所，1988
13) 関西近世考古学研究会「近世都市の構造」第3回
   関西近世考古学研究会大会発表要旨，1991

27

中世都市遺跡の調査—鎌倉————

鶴見大学教授
■ 大三輪 龍彦
（おおみわ・たつひこ）

中世都市鎌倉の発掘は盛んだが，なかでも中心の道路である若宮大
路の構造や道路幅が確認されたことは鎌倉を考える上で重要である

1 若宮大路と道路遺構

1965年に『鎌倉の考古学』（ニュー・サイエンス社刊）の中で筆者は中世都市「鎌倉」研究の可能性として，中国舶載陶磁器に関する研究の進展や中世土器の編年研究への試み，新たに注目されるようになった中世漆絵漆器に関する基礎研究，そして，遺構面では土間状遺構や方形竪穴建築址といった民家遺構や道路状遺構が次々と確認されるようになり，これらの発掘成果が，いずれは中世都市としての鎌倉像を解明していくであろうし，そうあるべきであることを述べた。

それから7年が経過し，発掘成果はますます蓄積され，それによって解明された成果も少なくない。中でも，中世都市鎌倉の基軸とでもいえる若宮大路の構造や道路幅が確認されたことは，今後の研究を考える上で大きな成果であったといえよう。若宮大路は現在でも鎌倉の基幹道路であり，交通量も多く，道路を横断するトレンチ調査は残念ながら不可能である。しかし，大路の東側と西側での発掘調査が進み，東側からも西側からも大路の側溝と思われる木組の溝が確認されている。したがって，この東西両側溝の間の距離が大路の幅と考えても差し支えあるまい。

『よみがえる中世3 武家の都鎌倉』（平凡社刊）の中で馬淵和雄はこの成果にもとづいて，「側溝はしっかりした木組の溝枠を持ち，幅約3m（1丈），深さ約1.5m（5尺）の大規模なものであった。二条の溝の間隔は33.6mで，これが若宮大路の幅員ということになろう。これは約11.2丈にあたる。ちなみに，都市鎌倉は11丈を基本単位に町割されているらしいことが最近の調査でわかってきている。あるいはそれは10丈に道路または溝の幅1丈を加えたものだろうか。」と若宮大路の幅が33.6m（11.2丈）であったとしている。そして，この若宮大路の側溝の外側の様子は「側溝の屋敷地側には，直径50〜60cmの大きな柱穴列が，側溝に平行して並んでいるのが確認された。柵列

か，場所によっては二列の並びも見られるので，築地塀の存在も考えられる。大路東側の，北条泰時・時頼邸と幕府跡とかいわれる場所の大路側溝の底からは，橋脚の基礎と思われる二対の大きな礎板が検出されている。屋敷地の中でも，大路沿いにはあまり立派な建物が見られず，浅い竪穴状の掘込みを持つ小屋か，小規模な掘立柱建物が雑然と並んでいる例が多い。出土遺物からみて，作業小屋とか台所，あるいは庶民の住居のようなものと思われ，主屋＝武士の居館はどうやらもっと奥まったところにあったらしい。」という。若宮大路およびその周辺の全容については，未だ不明の点が多いが，中世都市鎌倉の最も中心的な道路である若宮大路の幅員，両側側溝の存在が確認されたことは極めて意義深い。都市としての鎌倉を考える上で道路の問題は重要であり，考古学的発掘調査で確認される道路跡の遺構の持つ意味は大きいといえよう。

若宮大路以外で，道路遺溝が確認されているのは，六浦路関係で浄明寺稲荷小路遺跡，南御門遺跡，横小路周辺遺跡，小町小路については伝政所跡遺跡，本覚寺境内遺跡，横小路に関して伝政所跡遺跡，今小路で今小路西遺跡（錦屋酒店地点），千葉地東遺跡，といったところが大路・小路と呼ばれる主要道に関するものであるが，この他にも，千葉地遺跡や今小路西遺跡（御成小学校地点）などでも比較的規模の大きい道が見つかっており，由比ヶ浜中世集団墓地遺跡（若宮ハイツ地点）では若宮大路の東側に平行すると思われる轍痕（わだち）の残る道が確認され，文永9年（1272）の木簡が伴っている。また，屋地と屋地の間に走る露路のような小道については多くの遺跡から見つかっており，中世鎌倉では想像されるよりもかなり多くの道が設けられていたように思う。

2 武家屋敷跡

鎌倉時代の鎌倉に多くの武家屋敷や民家が存在していたことは遺構の上から間違いあるまいが，

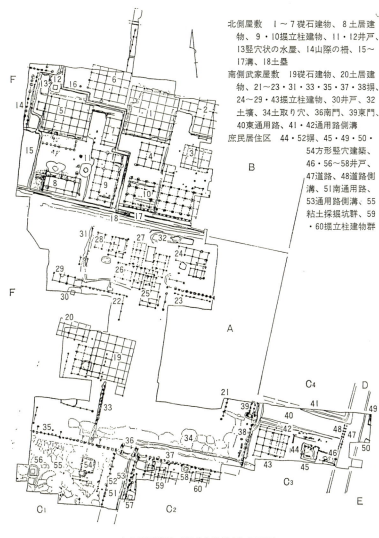

今小路西遺跡（御成小学校内）平面図
A 南側の武家屋敷，B 北側の武家屋敷，C・E 庶民居住区（町屋），
D 道路，F 山裾崖斜面（『よみがえる中世 3』平凡社を一部改変）

北側屋敷　1～7礎石建物、8土居建物、9・10掘立柱建物、11・12井戸、13竪穴状の水屋、14山際の柵、15～17溝、18土塁
南側武家屋敷　19礎石建物、20土居建物、21～23・31・33・35・37・38塀、24～29・43掘立柱建物、30井戸、32土壙、34土取り穴、36南門、39東門、40東通用路、41・42通用路側溝
庶民居住区　44・52塀、45・49・50・54方形竪穴建築、46・56～58井戸、47道路、48道路側溝、51南通用路、53通用路側溝、55粘土採掘坑群、59・60掘立柱建物群

その構造や実態については，これまで必ずしも明らかではなかった。この空白を補って余りあるのが，今小路西遺跡（御成小学校校庭地点）の発掘調査である。この遺跡は鎌倉駅西方に位置しており，昭和59年に調査が開始され，現在も調査は継続中で次々と新しい知見をもたらしているが，中でも注目されるのは，最下層に存在していた奈良時代の鎌倉郡衙と思われる遺構であった。これに比べても全くひけをとらないのが，中世面の遺構群であるといえよう。この遺跡では，2区画の武家屋敷跡が確認されている。

遺跡の南側で見つかった屋敷は西に源氏山丘陵南端の斜面を背負い，北側屋敷地とは土塁あるいは築地，東と南を塀で画している。その広さは南北60m，東西60～70mで360～420㎡で，屋地の面積を表わす戸主の制（1戸主は5丈×10丈＝50平方丈）によると8戸主分を越えるという。南側と東側の塀の部分には門が付けられ，内部には主屋と思われる南北5間×東西4間（柱間2.1m＝7尺）の礎石建物，その北西側裏手に倉庫状の地面に横木を据え，その上に柱を立てる土居建物，さらに北側3分の1には雑舎と思われる掘立柱建物群があり，塀で主屋や前庭部分と区画されている。井戸は倉庫の北方にあり，全体の構造としては武士の本領地における屋敷の構造と同じものと思われるが，規模的にはそれよりも大きい。

一方北側の屋敷は，南側のそれに増して豪壮なもので，屋敷地の全体の広さについては不明であるが，発掘された一部分だけでも10棟の大型建物が検出されている。もっとも10棟全部が同一時期に存在したというわけではなく，調査に当った河野真知郎は構築当初が5棟，1棟が改築され，4棟が後に加えられたとしている。構築当初の中心的建物は，基壇状土盛上に建つ，5間四方（柱間2.1m）で四面に庇が付き，大棟に瓦をのせた平安貴族の建物風のものという。他に寝殿状の建物，奥座敷風の建物（5間×4間，三面庇）などの建物が，やはり基壇状土盛りの上に建っていた。これらに付属するように礎石建物や土居建物が存在しており，特殊な用途を持った六角形の井枠を持つ井戸もある。奥座敷風建物の周囲からは，最高級の舶載陶磁器が大量に出土した。青磁の酒会壺10個体以上，浮牡丹文の大小の水指，三脚付水盤，竜文大皿，双魚文大小の鉢セット数脚，青白磁の小壺類多数，白磁小皿類，二彩の大盤といった調度品で，国産・舶載を問わず日常生活用品は出土

していないという。

　以上から，河野は「北側の屋敷は尋常の武家屋敷ではなく，他に例を見ない大規模かつ高級なもので，貴族的ともいえる。その機能は日常生活を主眼とせず，風流を追求しつつも来客には豪華さ（すなわち財力）をみせつけるような外向きの表情を示している。出土した高級磁器類には，韓国新安沖の沈没船（1324年沈没）の積荷と共通するものがあり，鎌倉末期の対元貿易に力を持った人物の屋敷であった可能性が強い。とすると考えられるのは一般御家人などではなく，権力の中枢にあった北条得宗家そのものに関係する人物ということになる。あるいは得宗家の別荘という可能性さえ否定できない。」といっている。

　また，これら武家屋敷の外側には方形竪穴建築址を中心とした庶民居住区が広がっており，平成3年度の調査では，武家屋敷の東側一帯が調査されているが，今小路と平行する南北道路とこの道路から今小路の西側の砂丘に向って伸びる東西の道路が確認され，これらの道路によって調査区内は三つの地区に分かれるが，それらの3地区が道路を隔てて，異なった様相を持っていることが指摘された。そして，その違いは方形竪穴の有無，あるいはその規模や構造・位置などに見られ，これを調査団では階層や職種による空間的住み分けが行なわれていたのではないかとしている。もし，これが事実とするならば，従来，階層・職種による住み分けは戦国期の城下町に始まるとされた定説に再考を促すものとなろう。

3　庶民居住区

　近年由比ケ浜砂丘地帯の発掘調査が進められ，多くの新しい知見がもたらされている。これらの遺跡は総称として由比ケ浜中世集団墓地遺跡と名づけられた。遺跡名からも想像できるように，鎌倉の浜地は庶民居住区であると同時に，墳墓の地であり，葬地でもあった。由比ケ浜砂丘地帯の遺跡では，おおむね方形竪穴建築址群と土壙墓群が見られる。それも居住区と墓地の場所は判然と区別されることなく混在することが普通で，例えば，方形竪穴建築を構築する際に以前から存在していた土壙墓の一部を破壊してしまい，そこの一部の人骨を改葬して住居として使用しているとい

うようなこともあった。墓は土壙墓で副葬品がほとんど見られないのも一つの特徴である。また，浜地だけではないが，これまで方形竪穴建築址として，一括して取り扱われてきた半地下式の建物址も必ずしも一様ではなく，いくつかのタイプがあることが明らかになり，その用途についての考察がはじめられるようになった。つまり，そのすべてを庶民住居とするのではなく，例えば，配石を伴う方形竪穴が規模の大きいことや，石の使用が重量に耐えうる構造を指向していることなどから，斉木秀雄は配石のある方形竪穴は住居ではなく倉ではなかったかと指摘している。方形竪穴の性格は今後さらに検討を進めてゆく必要があろう。

4　寺院址

　建久3年（1192）に源頼朝によって建立された永福寺跡（国史跡）の史跡公園の整備事業に伴う発掘調査が継続して続けられ，ほぼその全容が明らかにされつつある。平成3年度までに明らかになったのは，遺跡地西側山裾の小字三堂と呼ばれる旧畑地に二階堂を中心とする三堂があり，堂は廊によって連結され，廊はさらに北，あるいは南で直角に東に折れ，前面の池に伸び，池には景石なども遺存していることである。ちなみに確認された三堂は中心の二階堂が五間四方（南北19.8m，東西18m）で柱間平均12尺（3.6m），正面入口部18尺（5.4m），北側の薬師堂と南側の阿弥陀堂が東西4間，南北5間という壮大な建物であった。今後は汀線の調査を実施して，数年後には整備事業が開始される予定となっている。

　近年，実施された主要な調査について紹介してきたが，年間市内で行なわれている発掘調査の件数は多く，それぞれに新しい知見をもたらしているが一々それを報告するだけの余裕もない。

　昨年以来，研究者の活動も活発化し，10月27日に第1回鎌倉市遺跡調査研究発表会が開かれ，その『要旨』も出版され，研究論文・報告などを載せる『中世都市研究』が創刊された。また，平成4年6月6日・7日には都市と周縁の世界をテーマに公開シンポジウムが開催されることになっている。

中世都市遺跡の調査
——京都——

京都市埋蔵文化財
調査センター　　京都市埋蔵文化財研究所
■ **浪貝　毅・堀内明博**
（なみがい・つよし）　（ほりうち・あきひろ）

平安京は10世紀ごろから右京がさびれ，左京に人口が集中し，
さらに室町幕府の成立によって新しい町並が形成されていった

古代最後の都城である平安京は，その西半の右京域が，地下水位の高さと排水の困難なことにより，10世紀頃から住民が，京の東半とさらに鴨川を越えて東側に移住を開始する。したがって，右京はさびれ，反対に左京に人口が集中して栄え，都城が大きく変化する。鎌倉時代の承久の変（1221年）以後は，名実ともに，「平安京」から「京都」へ変容するのである。室町幕府の成立とともに，烏丸通りや室町通りを中心に新しい町並が形成されて行く。京都市内は近年，平安京跡を主な対象として年に約1,500件の大小取り混ぜた埋蔵文化財調査が実施されるに従って中世都市遺跡の調査成果も上りつつある。その中から特色のある数ヵ所について紹介したい。

1　室町殿（花の御所）跡

室町殿は足利政権の本部であり，花木の多さと優雅な庭園の存在から「花の御所」とも呼ばれ，現在の市街地の中央部北寄り，京都御所の西北隅に当たる烏丸通りと今出川通りの交差点の西北に位置していたと考えられる。近年とくに1985年から1989年の間三度にわたってこの付近一帯を調査する機会があり，各々発掘調査を実施した。その結果，庭園の一部と考えられる池の汀線に付属する石敷施設や景石に使用された巨石などが確認され，この周辺に大規模な邸宅が存在したことを裏づけるものとなった。調査した範囲は，東は烏丸通り，西は室町通り，北は大聖寺南の旧聖護院辻子，南は旧清法院辻子に囲まれた地域にあたる。

1986年の大聖寺南での調査では，景石を5石とその南に庭園に関連した盛土整地を伴う陸地部分と池を確認した。陸地部分には，各時期の整地層や焼土面，石組遺構などとともに景石群が認められた。景石のうち3石は長軸1〜2mを測る大規模なもので，材質は緑泥片岩とチャートである。池の北汀線と思われる肩部には石敷施設が確認された。石敷は，径10〜20cmの河原石で密に敷か

れていた。このことから，この付近が庭園内の園池の北端に相当し，しかも数次にわたって改修されたことも判明した。

1985年と1989年の旧清法院辻子に面した調査では，あわせて4石以上の景石群，築山状の高まりと東西方向の大溝を検出した。これらの遺構群は大聖寺南の調査と類似して4時期にわたる整地面毎に各々確認できた。そのうちとくに最下面とその上面において長径1.6〜2.4mを測る巨大な景石が築山状の高まりに添って認められた。その南にはまず東西方向に1列一辺1.3〜1.8mの方形を呈する石組遺構が5基確認され，これと並行して幅2.7m，深さ1.5mを測る断面V字形の堀をも確認した。そして堀は，ほぼ同規模のものがもう1条重複していることが確認された。最下面とその上面の遺構群の時期は出土遺物から，南北朝から室町時代前期に属することから室町殿の中でも古い時期に相当する。しかも堀の存在などから宅地の区画を示すと思われ，その南限に位置していたと考えられる。

これらの3ヵ所の調査事例からこの地域一帯が室町殿の庭園部分に相当する地域であることが推定され，園池の規模は1985年と1986年の両調査から南北が42mを測る大きなものであったと考えられる。そして東西方向の大溝の存在からこれが宅地の南限に相当し，室町殿が堀を巡らしていたと考えられる。このことから，初めて室町殿の範囲を知る手掛りが得られたのである。

室町殿の範囲については，『大乗院寺社雑事記』文明11年（1479）3月6日状に，

「室町殿は東西行き四十丈，南北行き六十丈の御地なり。然して南北四十丈に，ついちこれを仰せ付けられる。南方二十丈に小屋共之在子故と云々。」

とあり，東西幅が平安京条坊の一町と同一で，南北は一町半を占めていたことが知られる。

また『吉田家日次記』応永9年（1402）11月19

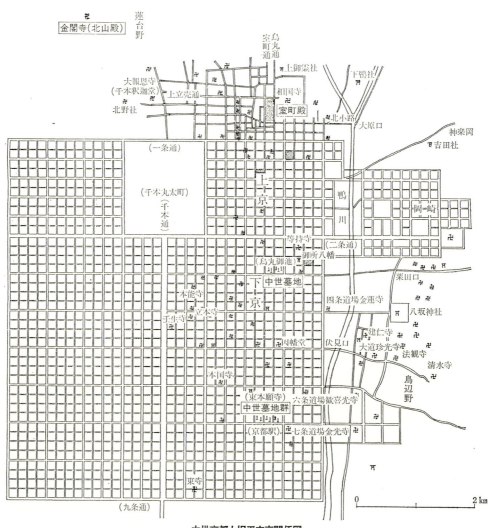

中世京都と旧平安京関係図

日の状に，
「室町殿北小路以北，室町以東，以つて室町に面して晴なり」
とあることから西限が室町通，南限が北小路であったことがうかがわれる。

これらの資料から室町殿の範囲は西限が室町通，東限がそれから40丈離れた烏丸通，南限が北小路に想定できる。いま平安京の室町・烏丸両小路をそのまま北に延長して両通を復元すると1989年度の調査区は一町を東西に2分する位置に相当し，しかもそこには築山状の高まりと大規模な景石が分布し庭園の一部を形成しており，区画の端を示すものと考えられる東西方向の堀の存在も明らかとなった。

一方，室町殿の内部施設については，まず「上杉本洛中洛外図」によると，広い敷地の中央から南にかけて，寝殿，観音殿，持仏殿，泉殿，会所，舟舎などを園池の北に配置し，池は南庭に大きく穿たれ，汀線は大きく屈曲していることが知られる。また永享4年（1432）の「室町殿御亭大饗指図」および『蔭涼軒日録』に見る室町殿は，会所，観音殿，持仏堂，亭，寝殿などが配置されるが，寝殿を中心とする公式の場と会所，常御所などの日常の場との間には垣を設け区画している。しかも寝殿のある公式の場では，南に広く庭を配しているのに，常御所，会所のある日常の場は，池の汀線が大きく入り込み，南庭の広さが異なるのが知られる。

発掘調査で得られた知見は室町殿南限や園池の施設の一部を明らかにしたに過ぎないが，大規模な池の存在と予想を上回る景石の種類，室町殿が堀を巡らしていたことなど，それらが各時期を追

32

って確認され，室町殿の一端をうかがい知ることができる。

2 金閣寺（鹿苑寺）北山殿跡の修羅

金閣寺の前身は応永4年（1397）足利3代将軍義満によって造営された山荘北山殿であり，それはさらに鎌倉時代，西園寺公経が営んだ別荘北山第にさかのぼる。

1989年に防災設備の共同溝予定地で，庭石を運搬したと思われる修羅2基が池状堆積の中から出土した。修羅は2基が接して置かれ，多量の土師器皿と箸などの木製品を伴っていた。修羅は2基とも，二股の木を利用している。その1は長さ3.5m，幅1.4mを測り，頭部に横から方形の，体部には小さめの穴を3ヵ所に設けている。その2は長さ4.7m，幅1.3mを測り，頭部に大きめ，体部に5ヵ所の小さめの穴を穿っている。この修羅は上面も磨り減っているため，両面ともに使用したことがわかる。樹種は前者が栗，後者が欅である。

3 中世都市京都の墓地

近年の京都市域における発掘調査の増加に伴い，旧平安京を中心とした範囲内で古代末から中世にかけての墓の発見例が増えている。平安京の墓域については，京域の外周に接して庶民の墓，すなわち蓮台野，神楽岡，鳥辺野などが知られ，その外縁の山麓一帯に天皇や貴族の墓域が広がるという構成になっていた。中世においてもこの墓域設定は継承されるが，新たに平安京西郊の常盤一帯および京域内にも墓域が出現する。ここでは近年の発掘調査で京域内，すなわち，烏丸御池周辺，東本願寺前，七条室町周辺などで新たに発見された墓域に注目し，都市との関連の中でそれらの事例を概観してみる。

(1) 烏丸御池周辺　現在の烏丸通と御池通との交差点の西南隅では約80体の人骨が確認された。そのうち石組墓が17基，土葬墓が41基で埋葬姿勢は頭を北にし，体を西に向けた横臥屈葬で棺の痕跡は未検出である。なお人骨とともに竹籠が認められることから，あるものについては亡骸を包んで埋葬したとも考えられている。石組墓は，石組の下に人骨を伴う墓土壙，石組の下に明瞭な墓土壙を伴うもの，石組のみのものの3種類に分類されている。土葬墓のうち11基に墓土壙が確認さ

れた。形状は長軸60〜80cmの方向に近い長方形を呈するものが多数を占める。この他火葬墓が11基確認された。副葬品は六文銭と漆椀が出土するだけである。六文銭には，開元通宝から永楽通宝まで含まれることから15世紀が上限と考えられ，また永禄元年（1558）銘の一石五輪塔が出土することから墓域年代は15世紀後半から16世紀にかけてのものと考えられている。当該地は上京と並んで中世京都の2大拠点の一つである下京の北辺に相当しており，そこに墓地が開かれたと考えられる。

(2) 東本願寺前　地下鉄烏丸線の調査や周辺の例から東本願寺西側から東本願寺の別荘である枳穀邸西側の広い一帯に中世の墓域があったことが知られる。ここでは，鎌倉時代から墓が形成されたことが認められる。それは主に土壙墓で円形，楕円形，隅丸方形などの種々の形状が認められる。そして室町時代になると須恵器のこね鉢，常滑焼の甕，瓦器鍋・羽釜などに埋葬される例も認められ，墓の数も急増する傾向にある。当該地は下京町の南端よりさらに南の町はずれに位置する。

(3) 七条室町周辺　現在の下京区塩小路通新町周辺では数百基に及ぶ中世の墓が確認されている。ここでも東本願寺前と同様に鎌倉時代から墓域が形成されるのが知られる。それは長軸170cm，短軸80cmの長方形を呈する掘形を有し，その中から多量の土師器を主体とする遺物が出土する。このような形態を有するものは少なく，屋敷墓のような性格のものと考えられている。それが南北朝から室町時代に至ると石組墓，備前や常滑の甕を用いたもの，瓦器鍋・羽釜に埋葬したもの，漆器に埋葬したものなど形態が多種にわたる。また石組墓には，単独のものと数基連結したものがあり，石組だけのもの，墓土壙を伴うものなどの形態も知られる。当該地に隣接する地域には，平安時代後期にさかのぼる鋳造関連の工房が認められ，室町時代前期に至っても七条の町小路沿いには工房が依然操業を続けているのが確認されている。このことから当該地の墓域は，鋳造関連の工房を始めとする手工業生産地に接して存在し，その工房関係者の墓地と思われる。以上，旧平安京域に含まれる中世下京の北端と南端の町はずれに新しく墓地が形成されたことにより，古代最後の都城である平安京の変貌と中世京都の様相が，かなり明らかになったのである。

中世都市遺跡の調査=博多

福岡市教育委員会

■ 大庭康時
（おおば・こうじ）

交易拠点都市・博多は文書の焼失によって文献がほとんど残っていないが，近年の発掘調査によって次第にその姿が明らかになりつつある

1991年，名探偵浅見光彦は福岡市博多区御供所町の発掘調査現場から1体の白骨を掘り出した。内田康夫描くところの『博多殺人事件』のオープニングである。物語では，これに続いて博多遺跡群のかいつまんだ紹介がされている。物語は，老舗の地元デパートと関西系大資本の博多進出との軋轢による連続殺人事件へと展開していくのだが，これがおそらく博多遺跡群が全国的に，一般読者層に紹介された最初であろう。

中世都市「博多」は，戦国期の自治都市として教科書にまで登場するにもかかわらず，その実態については不明な点が多く，語られることが少なかった。それは，戦国時代末期の兵火によって，中世文書が焼失し，ほとんど残っていないことによる[1]。博多遺跡群の考古学的調査は，この文献資料の欠を補い，中世の交易拠点「博多」の実態を解明するものとして期待されてきた。博多遺跡群に発掘調査のメスがはいったのは，1977年のことである。この地下鉄建設に伴う調査を嚆矢として，1991年12月現在，地下鉄関係と都市計画道路博多駅築港線拡幅関係の二大公共事業関係調査，および76次を数える民間開発関係調査がなされてきた。このすべてが開発行為に伴う発掘調査であり，学術調査が一件もないという点に，都心部に眠る博多遺跡群の持つ悲劇的な宿命がある。とは言え，さまざまな制約を受けつつも大きな成果を上げ，徐々にではあるが中世都市「博多」の姿を明らかにしつつあるのが現状である。

1 博多遺跡群の立地

博多遺跡群は，玄海灘に向かって開口する博多湾の，ほぼ中央に面している。東を石堂川（御笠川），西を博多川（那珂川）によって画された砂丘上に立地し，南は御笠川の旧流路による低地が横切っていた。また，中世前半以前には，東西の河川の河口付近は，入江となっていた。博多湾を隔てた正面には，「漢委奴國王」金印出土地として名高い志賀の島が浮かび，東側からのびた海の中

道がこれと陸地とをつないで，日本海に対するバリアーを形作っている。

博多遺跡群が立地する砂丘は，博多湾に面して大きく三列に別れる。仮にこれを内陸側から，砂丘1，砂丘2，砂丘3とする。砂丘1と砂丘2とは，西側から入り込む谷によってわけられる。砂丘3は，砂丘2の前面にややおくれて形成された砂丘と考えられ，砂丘2と砂丘3とは，水道状に流れ込む旧河川によって隔てられていた。

博多遺跡群における人間の営みは，弥生時代中期前半に砂丘1と砂丘2とを分かつ谷の頂部付近から始まった。その後，集落は砂丘1に展開し，古墳時代前期には，砂丘1の西半部を中心に集落が営まれている。この段階で砂丘2にも住居跡はみられるが希薄で，方形周溝墓が築かれている。古墳時代後期の状況は，今一つ明らかではない。奈良時代になると，竪穴住居跡・井戸などの遺構が，砂丘1，砂丘2のほぼ全面から検出されるようになる。この状況は，古代末期まで変わらず，12世紀前半頃になって砂丘2と砂丘3との間が一部埋め立てられ，砂丘3に本格的に遺構がおよぶのは，12世紀後半を過ぎてからのことであった。室町時代になると，むしろ繁栄の中心は砂丘3に移るようであるが，砂丘3での発掘調査は未だ例が少なく，その状況ははっきりしていない。

2 都市の形成と展開

博多遺跡群は，上述のとおり，早くて弥生時代，遅くとも鎌倉時代から現代まで重複した複合遺跡である。したがって，下層の遺構は上層の遺構から破壊され，掘立柱建物跡を復元することすら困難である。ましてや，一戸分の敷地を確定したり，建物配置を推定するに至っては，現状では望むべくもない。そういう中で，町の景観を復元する手がかりとして，道路遺構と溝が有効である。

博多遺跡群において，土地を区画する溝が出現するのは，8世紀のことである。この溝は，東

34

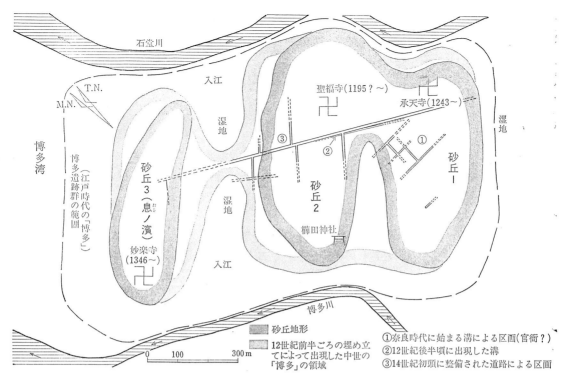

図1 中世都市博多の領域と町割り概念図（河川は現地形による）

西・南北を指し，砂丘1の頂部一帯で見られるもので，東西の領域は不明ながら，南北では約一町を区画し，何らかの官衙に係わるものと考えられている。一方，砂丘2においても広く遺構が分布しているが，区画する溝は検出されていない。この状態は，12世紀前半まで続く。遺物の上からは，砂丘2からは銅製帯金具・石帯・越州窯系青磁の多量出土など砂丘1に優越する内容が知られ，砂丘1の区画に官衙を，砂丘2に官人の居住地を想定する説も示されている[2]。ところで，この時期木棺墓・土壙墓などの検出例がみられる。これは，宮都や大宰府におけるような，都市部に葬地を設けないという規制が働いていないことを示している。したがって，たとえ官衙がおかれ，官人の居住地との住み分けがなされたとしても，博多は律令都市の範疇には属さなかったものと言えよう。

12世紀後半，砂丘2の一部で，新しい方位を示す溝が出現する。第48次調査・第62次調査で検出されたこの溝は，北から65度西偏する方位を取る。現時点ではこれに交わる溝を確認しておらず，区画を示す溝か否かを決めることはできない。しかし，次に述べる基幹道路の側溝が，この溝のほぼ真上に乗っており，これが道路に先行した区画の一部である可能性を示している。

また，12世紀後半までには，砂丘2と砂丘3の間の低地（当時は湿地）の一部が埋め立てられ，生活域が砂丘3の内陸側斜面まで拡大していた。この埋め立ては，砂丘2と砂丘3の両側から，湿地に向かって陸域を拡大するという大規模なもので，同時になされたものとは考えがたいが，短期間のうちに進行したものであることは確実である。ただし，砂丘2と砂丘3の間をつなぐ埋め立ては陸橋状になされたにとどまり，その結果，東西の両側から楔形に湿地が入り込むという景観が出現した。その後の湿地の埋め立ては，大規模には行なわれず，この地形は近世初頭まで残っていく。

13世紀末から14世紀初め頃，砂丘1と砂丘2とを縦貫する基幹道路が通される。この基幹道路は，砂丘2にすでにみられた溝による区画？の方向を継承・延長したものである。砂丘1においては，13世紀まで東西・南北を指す溝が掘られていた。これらには行き止まりになって終わるものもあり，一定の区画を成していたものとは思われない。上述した8世紀の溝に，13世紀代まで残って

35

いたものがあり，これらの影響を受けて掘られたものであろう。したがって，基幹道路が作られたことによって，砂丘2に成立していた新しい区画（町割り）の原則が，砂丘1にまで及んだと見ることができる。

さて，基幹道路が作られた14世紀初めを前後する時期には，この基幹道路に交わるいわば支線道路も作られている。支線道路は，基幹道路とは厳密には直交せず，また必ずしも十字路を作らず，両側から基幹道路に突き当って終わるものもあるようで，およそ整然とした区画とはいいがたい。むしろ，基幹道路を軸として両側に派生した町割りの体をなす。また，支線道路相互の方向を見ても平行せず基盤地形を形成する砂丘の軸方向に合致している。13世紀以前に，なかば自然発生的に出現していた町割りを，そのまま道路に焼き直したものと言えるだろう。これらの道路は，以後その場所を変えずに嵩上げをくり返して，16世紀末まで継続していく。

13世紀末は，博多遺跡群から埋葬遺構が激減する時期でもある。それまで遺跡内の各所でみられた輸入陶磁器などを副葬していた木棺墓・土壙墓などはほとんど見られなくなり，火葬墓も一部で検出例があるだけで，基本的に博多遺跡群の範囲では埋葬行為が営まれなくなっている[3]。このことは，博多の住民が自分たちの生活領域を「町」として認識しはじめたことを示すものと考えられる。また，ほぼ同時期になされた道路整備と無関係とは思えず，何らかの禁制をともなった可能性も考えられよう。

「博多」の中世都市としての成立を，博多遺跡群で遺構が爆発的にふえ，生活領域が砂丘1から砂丘3までに拡大・定着する12世紀代におくとしても，14世紀初めを前後する時期に，一斉に道路が整備され葬地が外に出されるなど，都市としての体裁を整えた点は重要である。その後の「博多」が，この町割りを守り続け，海側を元寇防塁で画されたその範囲内で繁栄を誇ったことを見れば，一大画期と言うべきであろう。土層観察からは，道路面の直下に焼土層がみられることが多く，大火からの復興に際して道路が作られたことを匂わせている。当時，元寇による博多焼失・鎮西探題滅亡による兵火など数回の火災が記録されている。それぞれに，戦後処理にあたった権力は

異なる。「博多」の都市整備が，誰によって，どんな契機で行なわれたのか，都市整備の具体的な内容の解明をも含めて，今後の課題である。

3 持ちこまれた土器

博多遺跡群からは，11世紀から12世紀にかけての京都産土師器皿・摂津産楠葉型瓦器碗・皿，14世紀前半では山陽地方産の早島式土師器碗，14世紀後半頃の京都産土師器皿，15・16世紀では周防の大内館などでみられる薄手の土師器坏・皿などが出土することがある。これらは，量的には少なく，地点的にも偏りがあり，一般的な遺物とは言えない。すなわち，日常生活の必需品として商品流通の流れに乗って運ばれてきたものではなく，人間の移動に伴って持ちこまれたものと考えられる。さらに言えば，11・12世紀においては京の権門勢家から直接輸入品の買い付けに訪れたものが，14世紀以降では瀬戸内海の海運業者（倭寇）が介在したこと，15・16世紀には大内氏が彼らを押えて影響を強めていたことがうかがわれる。少量の特殊な遺物ではあるが，中世の国内流通のあり方を示す一例と言うことができるだろう。

また，中世を通じて瀬戸・美濃系の陶器はほとんど出土しない。ただし卸皿は比較的よく出土する。これは輸入陶磁器の機能的な欠を補うものに限って国産陶器が用いられたことを示しており，生活に必要な陶磁器の主体は輸入陶磁器にあったという，貿易都市「博多」の特質を物語っている。

4 おわりに

すでに紙数もつき，博多遺跡群から出土する多彩な遺物については，触れることができなかった。また，遺構においても，生産遺構・埋葬遺構など語るべき成果は上がってきている。博多遺跡群の調査は，ようやく面的な広がりをもち始めたところで，今後の調査によるところ大である。これらを含めて，後日詳述する機会を期したい。

註
1) 川添昭二『中世九州の政治と文化』文献出版，1981
2) 池崎譲二「町割の変遷」『よみがえる中世(1)東アジアの国際都市博多』平凡社，1988
3) 大庭康時「博多遺跡群の埋葬遺構について」博多研究会誌，1，近刊予定

中世都市遺跡の調査─平泉─

平泉郷土館館長
■荒木伸介
（あらき・しんすけ）

柳御所遺跡の調査によって3代秀衡の代には単なる居館から政庁的役割を担う場に発展し，平泉全体が大きく変化していることが判明した

1 柳御所遺跡について

北上川は，岩手県の中央部を北から南へ貫通して流れる。県北御堂に源を発し，北上山地の西側から，そして奥羽山脈の東側斜面から流れこむ大小の河川を集め，一関の狭窄部を抜け宮城県に入り，石巻湾に注ぐ。

12世紀，奥羽の中心として栄えた平泉は，この北上川の恩恵に浴するところ大であった。しかし，一方では水害に悩まされてきたことも事実である。

現在，北上川治水対策事業として堤防建設，国道4号線バイパス工事が一関・平泉地区で進められており，これに伴う事前調査が昭和63年度から平泉町の「柳御所」の字名地で，岩手県埋蔵文化財センターによって，平成元年度からは平泉町教育委員会も分担参加して行なわれ，平泉文化解明に資する多大の成果が得られている。

これ以前の昭和44年から3年間にわたって「平泉遺跡調査会」（代表・藤島亥治郎東大名誉教授）によって発掘調査が行なわれているが，当時はすべて民有地であり，わずかな空地，耕作地の一部を掘らせてもらうような状態であり，点的な調査に過ぎなかったが，掘立柱建物跡数棟とかわらけを中心とした多数の遺物が出土し，重視すべき遺跡であることは指摘されていた。

平泉研究の根幹となる一級資料は，発掘調査の成果と『吾妻鏡』の記述ではなかろうか。とくに『吾妻鏡』の文治5年9月17日条は，当時の平泉の状況をかなり詳細に書き上げている。

これまでに発掘調査された無量光院跡，毛越寺，観自在王院跡，中尊寺における調査の結果と『吾妻鏡』の記述との間に大きな矛盾はない。この条には寺院，鎮守の他に「館事」として一項を立てて記述しているが，初代清衡が豊田館を出て平泉に宿館「号平泉館」を構えたこと，3代秀衡の常御所として「号加羅御所」が存在していたことのみで，「柳御所」の名称はない。また，「高

館」も「衣川館」にも触れていない。「高館」，「衣川館」については一まずおくとして，少なくとも「柳御所」の名称は12世紀には存在していなかったようである。したがって，この遺跡名は字名をとって「柳御所遺跡」とすべきで，「柳之御所跡」と呼ぶのは不適当ではなかろうか。旧跡名としての「柳之御所」の初出は元禄9年（1696）の「毛越寺・中尊寺・達谷旧跡書出」が最古である。現在調査が進められている辺りに「柳御所」の字名が残され，ここ以外に同名の地はないが，その比定地も近世末になるまでかなり変動していたし，その主も義経であったり，清衡，基衡であったりと変化してきた。それではこの遺跡が「平泉館」かとなると，にわかに決めがたい疑問点も残されている。因みに「加羅御所」の比定地は，無量光院跡の東に「伽羅楽」の字名の残る辺りに当てられている。このような問題については，最近発表された千葉信胤の「平泉の地名─字名と旧跡名」[1]を参照されたい。

この遺跡は，中尊寺の東南方，特別史跡無量光院跡の東に位置し，猫間ヶ淵跡と呼ばれる低湿地を挟んで無量光院と対峙し，この湿地と北上川に挟まれ，高館を頂点として南東に緩やかに傾斜した右岸段丘上の海抜は高館付近で40m，南で21mの範囲に納まる。現地形から見ても，遺跡の範囲は東北西はほぼ限定することができたが，南については不明瞭であった。しかし，近年の調査によって南限として確定できるような大溝が検出された。その結果，総面積は約10万m²と算定され，その中央部を縦断する約6万m²を事前調査の対象範囲とし，平成6年度には調査完了の予定で進められている。

2 これまでの成果

平泉に初代清衡が居館を構えたのが11世紀末，4代泰衡が頼朝に討たれ滅亡したのが12世紀末，この間のおよそ90年間が平泉の時代である。この遺跡から出土する遺物もほぼこの間のものに限定

37

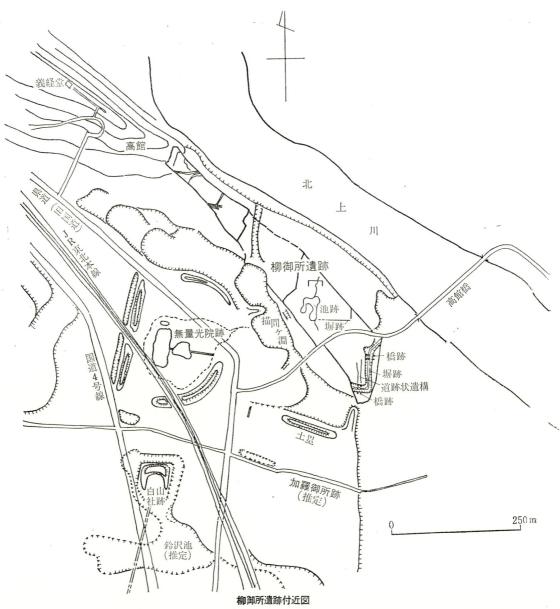

柳御所遺跡付近図

される。しかも，遺物の整理，検討が進むにつれ，12世紀の第3四半期を頂点とし，前半と末葉に属するものは極めて少ないという結果が明らかにされつつある。

出土遺物の大半はかわらけ類で，これまでの総重量は8トンを越える膨大な量である。これに混じって国産・輸入陶磁器類，各種木製品など多種多様である。特記すべきものとしては，平泉文化を支えたみちのくの特産品として名高い馬と黄金，漆に関わる馬具，金が溶解して付着した石，漆漉し布などがあげられる。特殊なものでは密教修法による地鎮・鎮壇具や烏帽子も出土している。地鎮・鎮壇具がどの建物，あるいはどう敷地と関わるのか，烏帽子はいかなる階級のどのような人が被っていたのか，今後に残された興味深い課題の一つである。

木製品の中でとくに注目を集めたのは折敷である。折敷は使い捨て食器のかわらけとセットで用いられるものであり，膨大なかわらけの量から推測して，かなり盛大な宴が連日のようにくりひろげられていたのであろう。宴会政治の原型を見る思いである。時には興にのって，折敷に絵を描いたり，歌をしたためたりしていた。一枚には，寝殿造りの対屋らしきものを壁代のある妻側を手前にし，これに直交して右手にのびる透廊のようなものを透視図的に描いたものがある。どうも，こ

の透廊のようなものを描く時に，透視図画法に狂いが生じ，途中で放棄してしまったようであるが，棟の甍瓦の描写など，かなり正確に描いている。とても専門の絵師のものとは思えないが，少なくともここに存在した建物を描こうとしたことは間違いないであろう。

さらには廃棄された折敷にメモを書き留めたりしていたものもある。入間田宣夫が解読紹介した「人々給絹日記」で始まる墨書折敷には，12人の名が記され，この人々に装束を支給した時のメモのようである。その内の信寿太郎，小次郎，四郎太郎の3人は秀衡の子息国衡，泰衡，隆衡たちであり，さらに側近家臣の名が連なる。詳細は省略に従うが，かれらが赤根（茜）染めを好んでいたと思われることなど，さまざまな情報を伝えてくれる[2]。この折敷の年輪年代測定の結果は1138年を示すという結果が報告されている。となると秀衡の時代に先立つことになる。他の折敷からは1101年，1141年，1158年などの年代が測定されている。この年代が直ちに遺構，遺物の年代を示すものではないとしても，これまでは専ら陶磁器の編年を尺度としてきたが，これに実年代を加えることができるようになり，文献解釈ともどもより詳細に，ここで営まれた生活の実態に迫れるようになってきつつある。

建築遺構はほとんどすべてが掘立柱建物であるが，1カ所だけ礎石根石を残す遺構が検出されている。しかし，残念ながら調査区域の外にはみ出しているため完掘されていない。

掘立柱建物も大小さまざまで，柱間寸法もとくに決まりがあるようにも思えないし，配置の向きもばらつきがある。まだ，調査成果の整理が不十分であり，今後整理が進むにつれ遺構の関連性，性格づけもかなりできてくるであろう。現在推測できることは，高館に近い北側は，敷地が溝などで仕切られた家臣たちの居住地，南側が政庁的な役割をもつ表向きの地域と，地域ごとに性格，役割に相違が認められることである。この中間的な位置からは，住居的なものの遺構とは思えない方3間の掘立柱建物跡も検出されている。大胆な推測を加えれば，藤原氏の持仏堂のようなものではなかったかと思考される。

南限の大溝に架かる橋から入り，北に進むと板塀で囲まれた一郭がある。この一郭が最も中心となるところであろう。ここには苑池が設けられており，その北，東には格の高い寝殿造り系の建物が建ち並んでいたと想定される。当時の寝殿造りの基本的な形式とはいえ，天水，井戸水以外には水源が期待されない場所にまで，苑池が設けられていたことは驚異である。

この地域からは焼け落ちた壁土も出土している。分析の結果，漆喰では無いことが判明したので，多分白土で仕上げられていたのであろう。裏側にはマワタシ材や竹で編まれた壁下地の痕跡が明瞭に残されていた。また，この付近の井戸からは建築部材も多数出土している。なかには長さ1.2m程でわずかに反りをもつ小さな破風板もある。これらを詳細に吟味すれば，どのようなところに用いられた部材かも明らかになるであろう。さらにはその建築物をより正確に推定復元することも可能になってこよう。

履物から着物，かぶりものまで，その人たちの生活ぶり，生活空間までを立体的に生き生きと甦らせる資料が提示されつつある。

3 おわりに

初代清衡が平泉に進出し最初に構えた「宿館号平泉館」がこの遺跡内であったかどうかを含めて，まだまだ未解決の問題が残されてはいるが，この遺跡が12世紀奥羽の中心的施設の存在した場所であったことには異論がない。藤原氏初代清衡，2代基衡の時期のものが微小しか認められないことが今後の検討課題であるが，3代秀衡が鎮守府将軍，陸奥守に任ぜられてからは，単なる居館から政庁的役割を担う場に発展していったことは間違いない。その結果，秀衡は別に住居としての伽羅御所を造営しているし，新たに新御堂無量光院を造営するなど，平泉全体が大きく様変わりした。平泉文化解明にはさらなる調査が必要である。平成4年度には，開発に伴う事前調査とは別に，文化庁の補助事業として遺跡全体の範囲確認の調査が予定されている。

現在この地で生活している人々の生命財産の安全確保は当然早急に行なわなければならないが，そのための事業と遺跡の保存活用とは相容れないものではない。知恵を結集して何とか解決しなければならない。

註
1) 千葉信胤「平泉の地名―字名と旧跡名」『奥州藤原氏と柳之御所跡』1992
2) 入間田宣夫「平泉柳之御所跡出土の折敷墨書を読む」岩手県文化振興事業団埋蔵文化財センター『紀要XI』1991

中世荘園村落遺跡の調査
——豊後国田染荘の調査から——

宇佐風土記の丘歴史民俗資料館
甲斐忠彦
（かい・ただひこ）

中世荘園村落遺跡は累積した村落周辺景観，いわば歴史的環境の総体を累積的，重層的，総合的に留めたものとしてとらえるべき遺跡である

1　荘園村落遺跡とは

　荘園村落遺跡は，古代の条里制耕地などとともに，いわゆる「広域水田遺跡」の範疇に含まれる遺跡であるが，そこには過去の人々のさまざまな営為の結果が複合して遺存している。すなわち，埋蔵文化財としての遺跡である館跡，山城跡をはじめ，集落またはその跡，耕地やその地名，そこを潤す灌漑体系，社寺，堂祠，岩屋，多種多様な石造文化財，さらには道路，墓地，村落の信仰や祭礼等々である。これらは全体として村落の静的ないし動的な現行の地表景観，歴史的環境を構成しており，「荘園村落遺跡」とは，地下遺構の存否にかかわらず，そうした開発史，産業史，経済史，宗教史などあらゆる歴史の変遷の経緯を継承し，包括的に累積した村落周辺景観，いわば歴史的環境の総体を累積的，重層的，総合的に留めたものとしてとらえるべき「遺跡」であると考える。それ故に荘園村落遺跡の調査にあたっては，考古学，文献史学，歴史地理学，美術史学，民俗学など多方面からの学際的，総合的なアプローチが要求されるのである。

　大分県立宇佐風土記の丘歴史民俗資料館では，昭和56年以来，国東半島の荘園村落遺跡の調査に取り組んできた。そこでは，上記のように人間の軌跡の歴史的総体という概念で遺跡をとらえ，基本的にはフローチャートに示したような方法によって調査を進めてきたが，調査の目標である中世荘園村落の復原に際しては現代→近代→近世→中世へと遡及する一方，荘園前史としての弥生時代以来の水田村落の開発の足跡を下降的に追跡調査して，村落の生い立ちを両極から究明することを目指した。

2　田染荘遺跡の概要

　宇佐八幡宮領田染荘の故地として知られる大分県豊後高田市田染地区は，市域の東南部に位置す

図1　国東半島と田染地区

る小盆地で，古代の田染郷に由来する地域である。現在，蕗・嶺崎・真中・上野・池部・相原・平野の7大字に分れるが，近世には蕗・横嶺・小崎・中村・間戸・真木・菊山・陽平・蘭木・田ノ口・熊野・大曲・観音堂・上野・相原・池部の16ヵ村で構成されていた。

　この地域については「永弘文書」をはじめとする豊富な中世史料があるほか，現在われわれが眼のあたりにする景観の上でも往時の状況を髣髴とさせるものがあり，最も遺存状態の良い荘園遺跡の一つとみてよいだろう。

　宇佐八幡宮は，平安時代の末には九州ではもとより，わが国でも有数の荘園領主として君臨したが，九州全域に広がる宇佐宮領荘園は「八幡宇佐宮御神領大鏡」にその全容が伝えられており，荘園の成立事情の相違によって「十郷三箇荘」「本御荘十八箇荘」「国々散在常見名田」に分類されている。11世紀前半に成立したとされる田染荘は「本御荘十八箇荘」に属する根本荘園の一つで，律令国家から施入された位田・供田や神田の系譜を引くものである。豊後国大田文によれば，田染

表1 広域水田遺跡調査のフローチャート

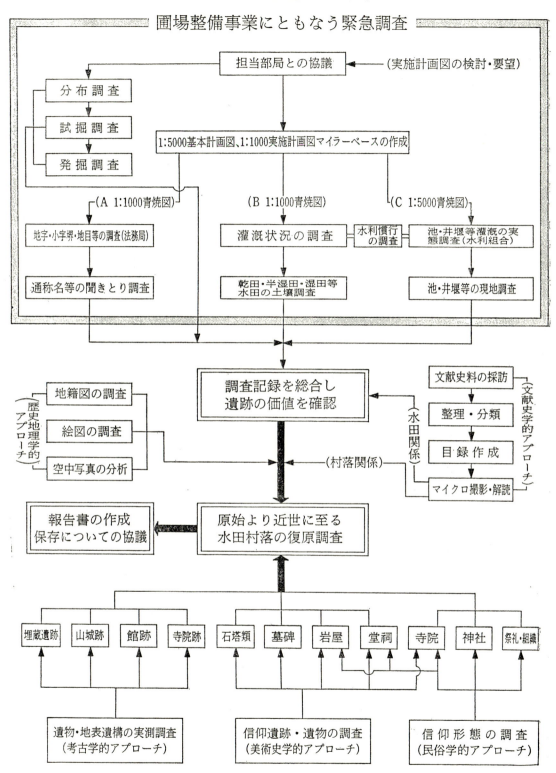

　荘の田積は90町とされ，本郷40町，吉丸名20町，糸永名30町から成っている。荘域内の池部・横嶺地区や上野地区には条里地割の遺構が残り，荘園前史としての盆地開発の画期を示している。また，真木大堂，胎蔵寺，間戸寺，富貴寺などの六郷山寺院（延暦寺末の天台宗系寺院群），尾崎屋敷，

牧城，烏帽子岳城，蕗政所などの城館跡が荘域内に散在するほか，およそ500基にも達する中世の石造文化財がそこここに立ち並び，田染荘を舞台として生きた人々の動向をうかがわせる素材となっている。

3　条里地区の開発

　池部・横嶺・上野に残る条里地区は，桂川流域の比較的広い平野部を占め，後の田染荘本郷へつながる中枢部である。池部・横嶺条里は盆地の北部に展開し，最大で東西6町，南北9町程，上野条里は盆地南部に位置し，同じく東西3町，南北10町程の方格地割が復原できる。上野条里地区では，桂川沿いの微高地上に，縄文後期鐘ヶ崎式の時期以降，縄文時代を通して断続的に集落が営まれたが，この段階では，条里地割の中央部は広い低湿地となっていたようである（第Ⅰ段階）。弥生時代後期以後，川沿いの微高地には安定した集落が形成されるようになり，広い低湿地が徐々に水田化されてゆくが，古墳時代の前半には微高地の一部まで水田化されたと推定される（第Ⅱ段階）。8世紀後半頃には，鍋山井堰から導水し，平野部全域に方1町の条里水田を造成するが，これに伴って微高地上に立地していた集落は山沿いの現集落近辺に移動したと考えられる（第Ⅲ段階）。このように，上野条里地区では古代において平野部の大半が開発されたとみられるが，以後，中世に至って本谷川上流などの谷田の開発が行なわれ，盆地内の水田開発はピークに達する（第Ⅳ段階）。

　池部・横嶺地区でも基本的には同様の変遷をたどったものと推定され，田染荘本郷の根幹部の開発は宇佐宮による直接的な開発以前に，すでにほとんど終了していたものと考えられるのである。

4　宇佐宮と糸永名

　田染荘域を含む国東半島一帯には，古代末期から中世にかけて，六郷山と呼ばれる天台宗寺院群が展開し，特有の仏教文化圏を形成していた。田染荘域内にも六郷山の中枢であった本山本寺をはじめ多くの末寺・末坊が存在したと伝えられており，国宝の阿弥陀堂建築で著名な富貴寺もその一つであった。

　富貴寺は，桂川の支流蕗川に開析された蕗谷と呼ばれる狭長な谷筋の中央部に位置し，この一帯が田染荘糸永名の故地である。富貴寺の所在する糸永名は，田染荘の中でもとくに宇佐宮と関わりの深い地域であり，長治元年（1104）には宇佐宮政所惣検校宇佐基輔が，長寛3年（1165）には同宇佐昌輔が領掌している。富貴寺建立の背景に宇佐宮があったことは，貞応2年（1223）に宇佐大宮司公仲が糸永名内の田畠などを「蕗蒲阿弥陀寺」に寄進し，同寺を「累代之祈願所」と称していることからもうかがえるところであり，宇佐宮による糸永名の開発の過程で，12世紀後半頃，同名の中心部近くに創建されたものとみられる。

　しかし，弘安元年（1278），糸永名の地頭職は肥

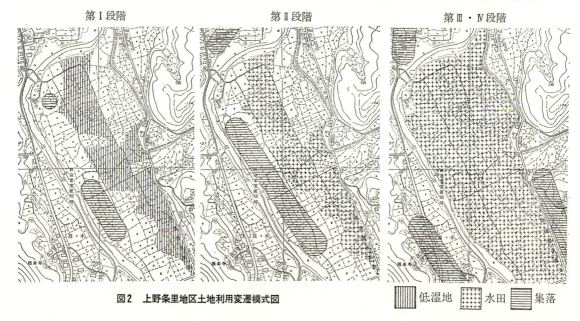

図2　上野条里地区土地利用変遷模式図　　　▦ 低湿地　▩ 水田　▤ 集落

前国の御家人曽祢崎慶増に与えられ，建武4年(1337)には同名の富貴寺領は筑後御家人調幸実の押領するところとなった。また鎌倉後期には，本郷は大友氏の一族小田原氏が領有しており，鎌倉後期以後，実質的に宇佐宮は田染荘の在地の領主権を奪われる形勢となったのである。宇佐宮側は，正和2年(1313)以降，いわゆる神領興行法を楯にとって巻き返しを図り，旧領返還を試みるが，その結果，宇佐忠基と定基は田染小崎に屋敷を確保する。以後彼らの子孫は田染氏を名のり，そこを宇佐宮の田染支配の拠点とするのである。

5 田染荘内の中世城館

荘域内では数カ所の中世城館の遺構を確認しているが，それぞれに立地や構造上の性格を異にするものである。

小崎城跡は大字嶺崎に所在し，近世小崎村の中心部をなす低台地上を占める。そこは小崎川の流路が，東・南・西の三方をあたかも深い堀割で区画したかのように囲繞して走り，これが天然の防禦線となる絶好の立地条件をもっている。小崎川に区画された台地の南西部には現在，浄土真宗本願寺派の延寿寺があり，その境内地を中心とする一帯が，鎌倉末期にこの地を領有した田染宇佐氏が拠点とした「尾崎屋敷」に比定されるところである。当初名主層の「屋敷」であった小崎城の地は，15世紀に入って田染栄忠の居館として整備され，16世紀には，東西120m，南北170m程の範囲に1.5～2mの段差をもつ平場を4段に造成して要所に土塁をめぐらし，周囲に幅広い帯郭状の平坦面を造成した小規模な城郭「尾崎城」に発展したと考えられる。延寿寺境内には，この時代に生きた人間と現代をつなぐ遺品として応仁2年(1468)宇佐栄忠の願によって造られた石殿がある。近世に入ると，この内部に真宗寺院延寿寺が創建され，隣接して庄屋屋敷が置かれる。小崎城一帯のこのような変遷は，主に現状の観察による考古学的なアプローチによって明らかとなったものである。

このほかの城館の遺構としては牧城跡，烏帽子岳城跡，蕗政所跡があげられる。

牧城は戦国期に田染荘を治めた大友氏の臣古庄氏の居城で，真木大堂の所在する真木地区南方の比高差90mほどの丘陵上に立地する。周囲に「武者走」をめぐらした「一の郭」と，これに西接する「二の郭」が残っている。

牧城を「里城」とすれば，「山城」としてこれと対照されるのが烏帽子岳城である。烏帽子岳城は，荘域の南辺部近くの独立峰烏帽子岳の峻険な山頂部にあり，要害堅固な山城である。切岸と土塁で囲まれ，54条もの畝状竪堀を備えており，堅固な防禦施設をほとんどもたない牧城とは対照的で，その立地，構造はまさに詰め城としての性格を示すものといえる。

蕗政所跡は富貴寺の東に隣接する大字蕗字政所に所在し，居館の遺構と付属する山城跡から成っている。居館部分の主な遺構は大規模な空堀と土塁で，これによって政所の中核施設を固めるが，西北隅の部分には，堀切りによって造り出した櫓状の遺構を備える。山城遺構は政所の北側の背後に張り出した丘陵の先端に堀切りと土塁を造成して郭を形成するものである。全体として武士の政務機関にふさわしい堅固な防禦構造をもっており，一帯が糸永名の中枢部であったことをうかがわせる。

田染荘内におけるこのような山城遺構は，同荘を舞台とした領主，荘官などの政治的な動向を映し出す資料として大きな意味をもつものである。

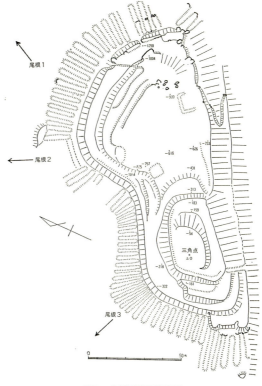

図3 烏帽子岳城遺構図

6 村落景観の復原

田染荘域内の16カ村の近世村落のうち、14カ村について江戸時代の村絵図が残されている。これは元禄2年(1689)に作成され、天保7年(1836)島原藩の命により、その間の異同を明らかにした上、新たに書写して提出したものである。これには、石高、耕地面積、水がかり、領域、軒数、人口、寺、氏神、牛馬、入会地、山林、鉄砲などに至るまで克明に記された村明細帳を付している。この絵図が、基本的に元禄2年の村落の状況をほとんどそのまま伝えていることは、天保7年時において変化していた点(掛紙を付す)が全絵図のうち1カ所に過ぎないことから首肯されるものと考えられる。近世の村落景観についてのこの情報に加え、明治年間の地籍図、現況の空中写真による情報を対比的に分析すると、現代→近代→近世の景観を遡及的に復原する大きな手がかりとなる。

こうした歴史地理学的な手法による景観復原の一例として中村の場合をかかげるが、現地形上に集落、水田、畠地、池、道路をはじめ神社、寺院などがその領域を指示できるのである。さらに中世史料に現われる地名などの情報や中世石造遺品の伝える情報等々によってこれを補完することができれば、中世のムラ=荘園村落の復原にも継ぎ得る大きな役割を果すにちがいない。

7 おわりに

荘園村落遺跡をあらゆる歴史の変遷の経緯を継承した歴史的な環境の総体と見なす立場から、目標として掲げた「中世荘園村落の復原」を果すための対象が余りに広汎なことと、この稿でふれ得た事例の余りにも限定されていることとの隔たりの大きさに今更大きな驚きを覚えている。すなわち、荘園制と六郷山寺院、中世石造文化財とその背景、村落構造と信仰形態などの問題をはじめ当然ここでふれておくべき課題は他にも数多存在するが、それらについての成果の一端は6年間にわたって実施した田染荘調査の概報や報告書を参照していただければ幸甚である。なおこれらの刊行物の中で、この調査に携わった者としても今ひとつ十分な結果を提示し得なかったことへの遺憾を禁じ得ない田染荘遺跡の中世像の復原については、その後、田染荘の調査の中核となった海老澤衷氏によって優れた論考(「豊後国田染荘の復原と景観保存」石井進編『中世の村落と現代』所収、1991、吉川弘文館)が発表されているので併せて参考とされたい。

参考文献

『国東半島荘園村落遺跡詳細分布調査概報 豊後国田染荘Ⅰ・Ⅱ・Ⅲ』1983・1984・1985、大分県立宇佐風土記の丘歴史民俗資料館

『豊後国田染荘の調査Ⅰ・Ⅱ』大分県立宇佐風土記の丘歴史民俗資料館報告書第3集・第6集、1986・1987、同館

『荘園村落遺跡の調査と保存Ⅰ・Ⅱ』大分県立宇佐風土記の丘歴史民俗資料館研究紀要Ⅳ・Ⅴ、1987・1988、同館

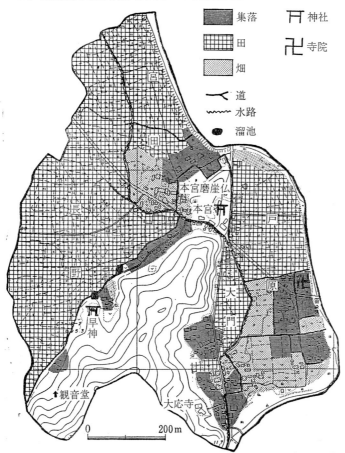

図4 元禄2年の中村の村落景観(ベースは現在の地図)

中世「方形館」の形成　━━━━━　■ 橋口定志

豊島区教育委員会
（はしぐち・さだし）

足利氏館や真鏡寺館など東国における調査例をみるかぎり，「方形館」
の成立を古代末・中世初頭にまで遡らせて考えることは困難である

1　"方形館" の概念をめぐって

中世の「方形館」を，主に考古学的な所見から性格規定することができるとするならば，周囲を堀・土塁によって区画した方形プランを呈する居住空間であり，その居住者は武士階級に属する人人である，ということになるのだろうか。

考古学的に認識できる範囲では，前者は原則的には堀・土塁によって方形に区画される空間の内部に，建物群を中心とする生活遺構が主要な遺構群として捉えられる必要がある。だが後者については，どのような考古学的条件が整えばその「方形館」が武士階級のものであるかが今のところ必ずしも明確ではなく，最も判断の難しい部分であると言える。しかも実は，このような形で認識することは，若干の問題をはらんでいるのである。

何よりも区画施設のあり方について，必ずしも研究者間の認識が一致しているとは限らないことがあげられる。例えば，「堀」と「溝」をどう区別するかは，考古学的にはまだ共通の認識を持てるだけの研究の蓄積がなされていないと言っても過言ではないだろう。私自身は，主に『正統庵領鶴見寺尾郷図』（建武元年・1334）中に見られる記載に依拠して，堀は一定の領域を区画することに一義的な意義がある施設であり，溝は基本的に用水などの人工的な水路であると認識している[1]。ここでいう領域区画とは広義の理解であり，例えば戦闘行為を前提とする防禦機能はその一部に含まれている。しかし，これは考古学的な観察の結果を基礎に導き出したものではなく，むしろ，それを前提に考古学的な遺構を解釈しようとするものであり，"考古学的" には必ずしも決定的な意味を持っているわけではない。だが，中世遺跡をより正当に評価しようとするために，文献資料から得られる情報を活用することは否定されるべきではないだろう。ところが，堀と溝を意識的に区別し，または，そうした問題意識を持って「溝状遺構」を分析している報告は数少ない。さらに，

残された痕跡が「溝状」の遺構となる構築物には，生垣を含む塀の基礎なども存在する[2]。

次に，方形館の堀・土塁の内部は基本的に居住域であることをあげておきたい。堀の内部に広大な空白域が取り込まれ，その中に居住施設も含まれるというあり方と，居住施設とともにその前庭ないし広場的な空間が存在するという様相とは区別するべきである。しかし，この点についても従来は意識的に検討されることはなかった。これに付け加えるならば，その全体が居住域であるということは "堀" の内部に地形的に大きな変化は存在しないということも意味している。地形的な変化の存在は，それ自体が堀で囲まれた空間内に，場の使い分けが行なわれていることを示唆しているものと思われるのである。

第三に "武士" の居住という点について，果たしてどこまで確実性・限定性を求めることができるのかも問題である。近年の発掘調査の中で，堀・土塁に囲まれた内部の遺構の展開状況が，武士の居住施設というよりも寺院である可能性の強いものが発見されつつある。従来は「方形館」に堀・土塁が存在すると，それ自体を根拠として「方形館＝武士居館」という理解がされていたが，必ずしもそれは根拠とはなり得ないのである[3]。その意味では，遺構・遺物に顕著な特徴が認められない限り，考古学的には冒頭で触れたような「居住者は武士階級」という形での限定ではなく，「支配階級の施設である」という程度の把握が，現時点での限界であるのかも知れない。

何故このような議論をするのか，というと，方形館については文献史学の側に多くの先行研究があり，そこで従来使われていた「方形館」概念と，考古学的な意味での方形館の内容の間には微妙なギャップが存在しているからである。

すでに文献史学の側での方形館の理解については触れているが[4]，中世前期に遡る武士居館の姿は，基本的に今井林太郎の「当時の武士の屋敷の共通的な構造はその周囲に土塁及び堀を以て繞ら

していることであり，この堀に囲まれた屋敷地の一画は堀内と称せられた」[5]という指摘に集約されるものであった。その後，例えば豊田武もこれを引き継いで，ほぼ同様の認識を示しており[6]，その研究蓄積は以後の研究の基本的前提となっている。そして，これをさらに発展させて，東国の在地領主制研究を前進させたのは小山靖憲・峰岸純夫らによる1960年代後半以降の研究であった。

小山は，上野国新田荘上今居郷の近世屋敷絵図の分析などから，中世前期の在地領主の屋敷は堀・土塁で周囲を区別するが，その堀に基幹用水から水を引き込み，それを背景とした灌漑用水系の支配を通して村落に対する強力な支配を展開したと考え，これを「堀ノ内体制」と呼んだ[7]。ここで小山の指す居館の姿は，上今居郷近世絵図中の居館の姿であり，さらに，漆間時国館（法然上人行状絵伝）・筑前武士の館（一遍聖絵）などに見られるような"居住域"を区画するあり方に実像を求めたものであると考えられる。また峰岸も小山とほぼ共通する認識を前提に，中世前期における新田荘の開発過程に論及している[8]。

こうした文献史学の側の「方形館」の認識は，"沖積平地内に占地し，居住施設の周囲に堀・土塁を巡らした，方形プランを呈する武士居館"の"水堀"が灌漑用水機能を背景にして在地支配の根底部分に据えられ，その成立を古代末・中世初頭の段階に置いたところにある[9]。ここに見られる「方形館」概念は，すでに居館の形態認識の域を出て，その果たした機能をも含んだ"概念"となっていることに留意することが肝要であろう。こうして，「方形館＝堀内＝古代末・中世初頭の成立」という認識が定着することとなる。

こうした先行研究が蓄積されている文献史学と共通する認識の上に議論を進めるためには，考古学研究の側においても，「方形館」の概念を形態認識論の段階に止めるのではなく，その機能をも含めた概念であることを前提として検討を行なう必要があろう。もちろん，それは文献史学の側の概念を，無原則にそのまま受け入れるということではない。そうした意味では，峰岸の「一部が堀・土塁であとの部分を柵列や生け垣で囲うこともありうる。あるいは，堀・土塁なしの方形館だってあってもよいと思う。」という見解は[10]，従来の文献史学の側で蓄積してきた概念自体を否定するものであり，とりわけ「堀ノ内体制」論との関係

が説明されなければならないだろう。

以上を前提に，若干の事例を検討したい。ただし，小稿の論旨に沿った事例の検討は以前にも試みており，小稿は，それを補うものである[11]。

2 足利氏館の様相

方形館が古代末・中世初頭に成立する重要な論拠となっていた埼玉県大蔵館・河越館の現況地表遺構については，必ずしも従来の見解は成り立たないと述べたことがある。だが，やはり同段階での方形館成立の論拠とされ，栃木県足利市鑁阿寺境内に比定される足利氏館は未検討であった。

現鑁阿寺の境内は平面形が台形で，ほぼ二町四方に堀・土塁を巡らす典型的な「方形館」の姿を持っている。この鑁阿寺境内の実測調査を行なった小室栄一は「中世初期兵農未分離の土豪的武士の館は，土塁，空堀，水濠に囲繞された，概して単純な平面構成のもので，足利館址に見られる土塁の不等辺などに，未成熟な中世土木技術を受け取る」として「後世の手が加えられておらず初期平地単濠単郭方形館の様相をそのまま伝えており，平安朝末期から鎌倉初期にかけての，素朴で豪放な地方の土豪的武士の館とその生活を想わせるものがある」と述べた[12]。この認識は，1960年代における方形館理解の到達点を示している。

だが今日的な視点で見るならば，平面形が台形を呈する方形館は，埼玉県黒沢館・福島県蛭館[13]など，管見の範囲ではむしろ16世紀を中心として中世後半に構築された居館に発掘例が偏っており，この点は修正を加える必要があると考える。

では，「平地単濠単郭方形館」という理解はどうであろうか。近年，この点について興味深い状況が捉えられつつある[14]。それによると，鑁阿寺の周囲には，前述した二町四方を測る規模の現存する堀・土塁以外に，さらにその外郭を囲む水堀が存在し（図1A），古地図でもこの堀の存在は確認されるらしい。また，土塁の存在を予測させる地割も見られるという（同B）。足利氏館は，単郭方形館ではない可能性が極めて高いのである。

ところで，鑁阿寺（足利氏館）南辺の東側半分に接する形で存在する旧足利学校跡の，史跡整備事業に伴う発掘調査においても，近世段階の堀の下で中世に遡る可能性の強い堀が確認されている（同C）[15]。出土遺物が無かったために時期が特定できず，また堀の延びる方向や規模は追究されて

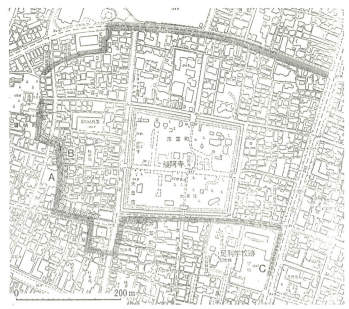

図1 鑁阿寺周辺の堀・土塁推定線（註14文献から作成）

いないが，この堀も前述した鑁阿寺外郭を画する堀と密接に関係する可能性を持っている。

この堀で囲まれた外郭がどのような性格を持ったものであり，構築時期はいつか，といった点は今後の重要な課題であり，即断は許されないが，あえて，二つの可能性を提示しておきたい。

その一つは，この外郭を画する堀の内部が中世前半段階の「堀内」であった可能性はないかということである。鑁阿寺文書の1248（宝治2）年『足利義氏置文』に「堀内大御堂四壁之内，童部狼藉，市人往反，牛馬放入……」という記載があるが[16]，とくに牛馬を放入する行為は，本来は居住域であった居館（鑁阿寺）内部への侵入と理解するよりも，広域を区画する境堀による「堀内」[17]内への侵入と考えた方が理解しやすいのではないか。「四壁」とは周囲の遮蔽物を指しており，前述した，外郭の堀に附属することが予測されている土塁が，これにあたると考えることもできる。

だが，同時に内郭（鑁阿寺）・外郭を画していた堀・土塁自体が中世後半の所産である場合も考慮すべきであろう。現在想定されている外郭ラインの位置は必ずしも確定的なものではなく，外郭の堀が鑁阿寺南辺で「方形プラン」の堀と，近接・並走している点は再考の余地があるものと思われ，今後の調査の進展が注目される。しかし，土塁の存在を予測している部分に着目すると，堀・土塁のラインが「折れ」を持っており，鑁阿寺周

辺の構えは，総体として，少なくとも15世紀後半以降の所産である可能性を持っているのである。

いずれにしろ現時点では，鑁阿寺境内を区画する堀・土塁が示す現況の方形プランは，必ずしも中世初頭まで遡る保証はないと理解したい。

3 真鏡寺館の調査

埼玉県真鏡寺館は，近年の発掘調査の積み重ねの中で，次第に様相を明らかにしつつある[18]。

館の範囲は，現況地形および地籍図により推定されているが（図2・3），現在までにC・E・Fの3地点の調査で周囲を区画する堀が検出されていることから，推定された館の範囲はほぼ誤りないとする。その結果から真鏡寺館は一部が丘陵上にかかりつつも，丘陵下の沖積地平坦部にかけて堀で囲うという占地形態を取っており，約250m四方の不整方形プランを持つと考えられる。さらに，その内部には地籍図で見られるように東西約120m，南北約100m程の不整長

図2 真鏡寺館（註18文献より引用）

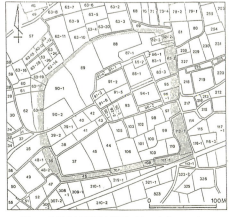

図3 真鏡寺館周辺地籍図（註18文献より引用）

方形の地割りがあり，現真鏡寺本堂のある敷地から南側の沖積地に向かって雛壇状に造成されている。この区画の成立時期は不明であるが，真鏡寺館の内郭部である可能性もあるという。興味深いことに，この区画の隣接地区から平瓦・丸瓦が，また館の北側に隣接する真鏡寺後遺跡B地点では13世紀前半代と考えられる軒平瓦が採取され，総体として鎌倉永福寺系の瓦とされている。このことから，館内に瓦葺きの小堂のような建物の存在が推測されている。

　発掘された遺構には，F地点で軸線が堀の走行方向に沿った掘立柱建物1棟と土壙数基がある。また，土塁は北辺の内側に接して100mにわたり痕跡が認められ，確認された基底部の幅は約9mを測る。堀についてはC・Fの2地点での調査結果が報告され，C地点の堀の規模は確認面で幅6m，深さ2mを測る。両地点とも少なくとも2〜3回の掘り直しがあり，数度の改修が行なわれたことは確実である。出土遺物には舶載青磁蓮弁文碗・在地系軟質陶器ほかがあり，それらは13〜14世紀代の所産と考えられる。しかし調査者は，堀覆土内のB軽石層を重視し，その観察所見から堀の掘削時期は1108（天仁元）年のB軽石降下前後まで遡る可能性が高いとする。この見解に従うと，真鏡寺館は12世紀初頭には成立していたことになろう。なお，今までの調査によって遺構の検出されない空白域の存在も確認されており，内部には居住域と非居住域があることが指摘されている。そして，非居住域は畠地などの用益地や低地部の水田によって構成されていると推測している。

　真鏡寺館の重要な点に，堀の灌漑機能に関する所見がある。東辺の一角に弁天池と呼ばれる灌漑池があり，その流水が下流域の水田を潤していることに着目したのである。そして，この弁天池の機能は，真鏡寺館の機能していた段階では低地部を掘削した堀全体が担ったと理解している。また，北辺を含めた台地上の堀には湧水・通水の痕跡が見られ，台地下の堀へ水を供給していたとした。これが中世初頭に遡って機能していたことが確実であるとすると，東国では現在のところ最も古い，「居館」の堀が灌漑用水機能を持っている事例である。ただし，現時点では，現況の用水系の成立がどこまで遡れるものかが未確定であり，この点の究明が望まれる。これは，堀の灌漑機能が，本来どの部分を対象としたものであるのかと

いう点と密接に関係する。つまり，本来的には堀で囲い込んだ耕地に水を供給するために湧水（弁天池）を堀に取り込んでいたのか，または下流域に対する灌漑用水の供給を意図したものであるのか，それとも両者が同時に意図されたものか，といった評価の問題と関係してくるのである。

　報告者は，さらに多岐にわたる論点を提示しているが，真鏡寺館調査の概要は大略以上のようなものである。そして，ここで示された中世初頭の「居館」のあり方は，その中に居住空間のみならず，信仰空間や生産関連空間を含みこんでおり，一つの自己完結的な小宇宙を形成しているとしても過言ではない。また，形態的には「方形館」的な様相を持っているとすることもできよう。

4　「方形館」の形成

　従来，「方形館」の代表的な事例の一つとされていた足利氏館は，周辺の環境を含め現況のままでは中世初頭まで遡り得ない可能性が出てきた。しかし，一方では真鏡寺館の調査によって，従来の理解から一歩踏み込んで中世初頭の武士居館のあり方を検討する必要が生じたと言えよう。

　真鏡寺館の報告書中で，鈴木徳雄は「居住区域のみを区画する形態は，新しい時期にも行われた可能性があり，いわゆる『一町四方方形館』は，このような館（真鏡寺館や埼玉県阿保境館：筆者註）の一部である居住区域を中心に認識されたもの，あるいはこの区域が独立して発展した形態であると考えることもできる。したがって，館の系統的な変遷をこのようにみると，真鏡寺館跡の形態は，より古相を伝えるものと考えてよいであろう。居住区域のみが堀で区画されたものが，従来館跡として注目されている場合が多いとはいえ，このような館の変遷の過程で生成した形態であると考えることもできるところから，意識的な調査が期待される。」と述べたが，鋭い指摘であり傾聴に値する。そして，その論旨自体に異論はない。

　こうした鈴木の見解を踏まえ，冒頭で触れたような文献史学の側における「方形館」の理解を前提とする限り，真鏡寺館を単純に「方形館」として位置づけることには慎重である必要がある[19]。

　真鏡寺館の，堀・土塁の内側に居住空間・信仰空間・生産関連空間を含み込むあり方は，以前に検討を試みた東京都宇津木台遺跡や埼玉県椿峰遺跡の区画堀内部と酷似している。中世前半の周囲

を堀で区画する遺跡の多くの事例は，この真鏡寺館と近似した要素を持つと思われ，とくに居住域以外に広い空白域（真鏡寺館における非居住域）を堀・土塁の内側に取り込む形態は，西日本の調査例にも見ることができる。そして，こうした側面から見るならば，真鏡寺館は，確かに不整方形プランを取りながらも，遺跡の構成要素自体は，宇津木台遺跡などと同一範疇に含まれると言うべきであろう。すでに，中世前半には広域を堀によって区画する遺跡が多様な存在形態を持って出現しており，従来は「方形館」を指していると理解されていた「堀内」も，そうしたあり方が存在したことを前提に再検討する必要があることは指摘している。ここでは，真鏡寺館も，その一類型として捉える必要がある，としておきたい。ところで鈴木徳雄は，真鏡寺館の主を児玉党塩谷氏としている。とすると，管見の範囲では，堀によって一定の領域区画を行なう中世前半の遺跡の中で，確実に武士の手で構築された最初の事例ということになる。そして，筆者自身はここに，前述した「堀内」の類型の一つに限り無く近い様相を感じるのである。もちろん，真鏡寺館タイプの遺跡の担った役割については，同遺跡を含む類似遺跡の調査の進展の中でより厳密に行なう必要があり，拙速な結論は慎まなければならないが，作業仮説として以上の理解を提示しておきたい。

さて，真鏡寺館には，内郭を形成する可能性のある区画が存在する。この区画の成因はいまのところ明らかではないが，これが本来的な館内居住域の痕跡であるならば，その平面的なあり方は，すでに鈴木も指摘しているように阿保境館や千葉県下ノ坊館などを想起させる[20]。この，14世紀を中心に13世紀後半から15世紀前半にかけて機能したと考えられる両館は，広域を方形に堀によって区画しながらも，さらにその内郭に浅い溝などによって方形区画を設けて居住域にしており，外郭部は基本的に遺構の空白域となっている。そして，こうしたあり方も，やはり「方形館」そのものを示すものでないことは，すでに指摘している通りである。残念ながら，真鏡寺館と阿保境館の系譜的理解は，いまだ不充分のまま残されている。だが，こうした形態の"居館"の出現を前提として，鈴木の言うように，居住区域のみを区画する「方形館」が形成されるものと思われる。

以上のように，少なくとも東国における調査例を時系列上に乗せて考える限り，「方形館」自体

の成立を古代末・中世初頭まで遡らせることは，現時点では困難であると考える。

だが，こうした在地支配型の居館のあり方の検討だけではなく，論理的には想定され得る政庁型の居館のあり方の追究も不可欠であり，さらに地域差の存在にも充分留意する必要がある。課題の大部分は，まだ残されたままなのである。

註

1) 「中世東国の居館とその周辺」日本史研究，330，日本史研究会，1990
2) 伊藤正義ほか『奈良地区遺跡群Ⅰ』下巻，奈良地区遺跡調査団，1986
3) この点の疑問については，触れたことがある（橋口定志・広瀬和雄・峰岸純夫「鼎談・中世居館」季刊自然と文化，30，1990）。また，中井均は事例の検討をしている（「中世の居館・寺そして村落」『中世の城と考古学』新人物往来社，1991）。
4) 拙稿「方形館はいかに成立するのか」『争点日本の歴史』4巻，新人物往来社，1991
5) 今井林太郎「中世における武士の屋敷地」社会経済史学，8－4，1938
6) 豊田 武『武士団と村落』吉川弘文館，1963
7) 小山靖憲「東国における領主制と村落」史潮，94，1966など。後『中世村落と荘園絵図』1987所収
8) 「東国武士の基盤―上野国新田荘」『荘園の世界』東京大学出版会，1973。後『中世の東国』1989所収
9) 例示はしないが，こうした見解を前提として文献史学の側では多くの研究を積み重ねている。
10) 前掲註3）文献，13頁参照
11) 「中世居館の再検討」東京考古，5，東京考古談話会，1987，「中世方形館を巡る諸問題」歴史評論，454，1988，「中世居館研究の現状と問題点」『考古学と中世史研究』名著出版，1991，註1）・4）など
12) 『中世城郭の研究』人物往来社，1965。引用文中，前者は296頁，後者は185頁所載
13) 熊谷市教育委員会『三尻遺跡群 黒沢館跡・樋之上遺跡』1985，福島県教育委員会『蛭館跡－母畑地区遺跡発掘調査報告23－』1987
14) 足利市教育委員会『足利市文化財総合調査昭和59年度・年報Ⅵ』1986
15) 足利市教育委員会『史跡足利学校跡第5次発掘調査概報』1987
16) 栃木県『栃木県史』史料編・中世一，1973，鑁阿寺文書，72号文書
17) 拙稿，註1)文献
18) 埼玉県児玉郡児玉町教育委員会『真鏡寺後遺跡Ⅲ－C・F・D地点の調査一』1991
19) もちろん，鈴木徳雄が真鏡寺館を「方形館」と性格づけているわけではない。
20) 註3）文献（季刊自然と文化，30）に収録

中世の市場風景
——絵巻物にみる市場——

■ 岡本桂典
高知県立歴史民俗資料館

中世の市は都市においても発達したが，この時代の市を象徴するのはやはり地方に成立した市の発展であろう。この時期の市は，国府，地頭館や社寺門前，港湾などで開かれ，定期市である三斎市・六斎市などが発達した。

中世の市・市庭の風景を描いた絵巻物は，意外と少ない。一般的によく知られている絵巻物『一遍聖絵』には，2つの市の風景，市日の市と市日以外の日の光景が描かれている。

時宗の開祖一遍の伝記絵巻には，多くの遺品があるが，詞書による分類によれば聖戒編の『一遍聖絵』と宗俊編の『一遍上人縁起』（『一遍上人絵詞伝』）に大別される。聖戒本には，歓喜光本12巻（国宝・京都歓喜光寺（六条道場）蔵＜第7巻は，東京国立博物館蔵＞），御影堂（新善光寺）本12巻（重要文化財）などがある。宗俊本の原本は焼失したが，京都金蓮寺本や山形光明寺本，長野金台寺本などがある。

さて，『一遍聖絵』に描かれた市の風景の1つは，備前国福岡の市（岡山県邑久郡長舟町）の図である。いま1つは，信濃国伴野の市（長野県佐久市）の図である。さらに，淡路（兵庫県）志筑天神の拝殿の図には，草葺きの掘立柱建物が2棟描かれているが，これも市屋と考えられるものである。

備前国福岡市の場面は，吉備津宮神職家の妻女が留守中一遍の教化により出家してしまい，帰宅した妻女の夫がそれを知り怒り狂い，福岡市まで追跡して，一遍に切りかかろうとしている場面である。この市は吉井川に立ったと考えられる市で，この図の左下には船着場が描かれており，市が河原に立ったことがわかる。市屋では布・織物・米・魚・鳥などの商いが行なわれ，市屋により取り引きする商品が異なっていたことが考えられる。低い市屋には，茶褐色の壺あるいは甕が置かれており，これらが備前焼であることがわかる。この建物は屋根の低さから倉庫（置場）であると考えられる。この絵は鎌倉時代末の市での売買や建物の様子を知り得る貴重なものである。なおこの市の風景に描かれた人物で多いのは女性で，市の場は女性が活動する場であったのでもあろう[1]。

信濃国伴野の市は，市日以外の市庭の光景を描いたも

ので，草葺きの掘立柱建物には乞食と犬・烏とが描かれており，市日以外には彼らの住まいとなっていたのであろう。これらの市に描かれている建物は，簡単な板葺や草葺の粗末な掘立柱の建物である。このような掘立柱建物跡は，発掘調査では検出されているものの確認できにくいのかも知れない。また，この図には牛牧が描かれており，牛の放牧も河原で行なわれていたと推定されており，この市も河原に立った市と考えられる[2]。さて，この伴野の市には登場する犬と烏の両者が共に描かれているが，絵巻物の中でこの両者が象徴的に描かれる空間は，墓地と市そして乞食小屋である。この両者が共通に描かれた墓地と市の空間の近さは興味深いものがあり，両者に何らかの関連性があることは明らかである[3]。

荘園絵図にも市の所在が書き込まれているものがある。『越後国奥山荘波月条絵図』（新潟県北蒲原郡）には，胎内川を挟み北に高野市，南に七日市が描かれ，河原近くに市が存在していたと考えられる。

市が立つ場所には，一般的に辻・中州・墓所・寺社門前，そして河原[4]，交通の結節点が多い。これは，市庭が特別な空間，聖なる空間であり，境界領域に位置していたからであろう[5]。いわゆるこれらの場が，無縁の性格を持つ場所であったことが推定される[6]。

さて，愛知県春日井市下市場遺跡では，非日常的な配石遺構と掘立柱建物跡が検出されている。この遺跡は13世紀のもので，内津川の近くに位置しており，報告書が未刊であり断定的なことはいいがたいが，特殊な祭りの場と市が存在した遺跡と推測されている[7]。また，高知県中村市具同中山遺跡群では，一部で鎌倉時代の集落が検出されており，この集落は南北朝時代には墓地となる。この遺跡群は中筋川下流左岸の河岸に位置する著名な古墳時代の祭祀遺跡で，洪水時には氾濫源となっている。字名などからすれば交通の要所，あるいは漁村的な集落として位置づけられるが，市または周辺に市があった可能性も想定される遺跡である。草戸千軒のような大規模な市場町・港町の遺跡以外に，市の遺跡は余り知られていないが，意外と気づかないところで市に関連する遺跡が確認されているのではないだろうか。

従来，日本の歴史学は，その取り扱う資料が文献史料に偏っていたが，今日の現代的な課題に対応するためには，それ以外のさまざまな史料を研究対象とすることが必要となってきている。そうした関心や反省の中で考古資料や絵図，絵巻物，民俗学[8]の研究が本格的に注目されるようになってきている。

近年，考古学でも絵巻物と考古資料の比較研究がなされている。とくに中世考古学において，絵巻物や民俗学などの成果をどのような方法で活用し，位置づけていくのかということも中世考古学の一つの課題である。

図1 備前国福岡の市（『一遍聖絵』巻4）

図2 信濃国佐久郡伴野の市（『一遍聖絵』巻4）

註
1) 笹本正治『辻の世界―歴史民俗学的考察―』名著出版，1991
2) 黒田日出男『姿としぐさの中世史』平凡社，1986
3) 註1)に同じ
4) 森栗茂一「河川史と河原のマチ」『河原町の民俗地理論』弘文堂，1990
5) 網野善彦『増補 無縁・公界・楽』平凡社，1988
   網野善彦文・司 修絵『河原にできた中世の町』岩波書店，1988
6) 註4)に同じ
7) 春日井市教育委員会「下市場遺跡」自然と文化，18秋季号，(財)観光資源保護財団，1987
8) 笹本正治『辻の世界―歴史民俗学的考察―』名著出版，1991

特集●中世を考古学する

信仰の世界

中世の信仰は考古学的にはどう捉えられるだろうか。修験の遺跡，板碑，経塚，呪いの遺物などからその実態にせまってみよう

中世修験の遺跡／板碑造立の風潮／中世の埋経と納経／中世の葬送と呪術

中世修験の遺跡

東京国立博物館
■ 時 枝　務
（ときえだ・つとむ）

13世紀から14世紀にかけて，回峰修行にともなう山頂遺跡が形成され，石動山など各地の大規模な修験道寺院が成立した

　修験道は「験力」の宗教である。高山に登拝し，重畳たる山岳を踏破し，あるいは山中の洞窟に参籠するなどの修行をおこなうことによって，神仏と同化し，強大な「験力」を獲得しようとする宗教である。中世の修験者は各地の霊山を抖擻し，諸国を遍歴して生活していたが，それも修行を重ねれば重ねるほど「験力」が強まると信じられていたからである。また，彼らは多くの人々から信仰されたが，それも彼らが「験力」をもっていたからにほかならない。ここでは，「験力」の宗教としての中世修験の実態を，山頂遺跡と修験道寺院を通してうかがってみたいと思う。

1　中世の山頂遺跡

　古代に出現した山頂遺跡は中世に入ると大きな様相の変化をみせる。

　栃木県日光男体山頂遺跡は8世紀に出現し，20世紀に至るまで断続的に営まれてきた遺跡であるが，12世紀末を画期として遺物の様相が一変することが知られている[1]。平安時代後期には，八稜鏡を主体とする164面以上の銅鏡のほか，火打鎌・鉄鏃・短刀・刀子・刀装具・陶器・土器などの遺物群がみられるが，鎌倉時代になると銅鏡が姿を消し，懸仏・密教法具・経筒・種子札・禅頂札・火打鎌・鉄鉾・鉄剣・鉄鏃・大刀・短刀・陶器・土器など仏教的色彩の濃い遺物群に変わる[2]。それらのうち，懸仏はおもに日光三所権現（男体＝千手観音，女体＝阿弥陀，太郎＝馬頭観音）を表わしたもので，山頂に営まれた小祠の本尊としてまつられていたと推測される。また，密教法具の存在は，懸仏を本尊とする小祠の前で密教的な修法がおこなわれたことを物語るものであろう。さらに，経筒の存在は，山頂に登拝して納経する者がいたことを示している。

　経筒や禅定札の銘文には「日光禅定」（元亨3年銘経筒）や「男躰禅定」（貞治3年銘禅定札）ということばがみえており，山頂へ登拝して修法や納経をおこなうことを「禅定」と呼んでいたことが知られる。「禅定」の担い手を銘文から検討してみると，日光山の僧侶や近津宮（現宇都宮市徳次郎町所在）の社家など専門的宗教家に限られていることが指摘できるが，とりわけ貞治5年（1366）に14度目の「男躰禅定」をおこなった伴家守のように何回も修行することによって験力を高めようとする者が中心的な担い手であったと考えられる[3]。

　男体山周辺の女峰山・太郎山・小真名子山にも中世の山頂遺跡がある。女峰山頂遺跡からは銅鋺・火打鎌・短刀・古銭・釘・陶器・土器，太郎

52

図1 日光女峰山頂遺跡

山頂遺跡からは火打鎌・短刀・刀子・古銭・飾金具・陶器, 小真名子山頂遺跡からは陶器・土器が発見されている[4]。そのうち, 太郎山頂遺跡では12世紀の銅鏡・経筒・陶器が確認されており, すでに12世紀に山頂遺跡が形成されはじめていたことが知られるが, ほかの2遺跡では13世紀以前に遡る遺物が明らかでない。このことは, 12世紀から13世紀にかけての時期に, 女峰山・太郎山・小真名子山に山頂遺跡が出現した可能性が高いことを示していよう。また, 遺物の種類をみると火打鎌・短刀・陶器など共通するものが多く, それらの山頂遺跡が同様な性格をもつことが推測される。おそらく, 男体山で「禅定」をおこなっていた行者たちのなかから, 日光三所権現の聖地である女峰山や太郎山に登拝する者が出てきた結果, 日光連山の山頂遺跡が形成されたのであろう。

石川県の白山御前峰山頂遺跡は遅くとも10世紀初頭に出現し, 以後19世紀まで断続的に形成された遺跡であるが, 12世紀を画期として遺物の様相が変化する[5]。10世紀から11世紀にかけてはほとんど陶器と土器のみであるが, 12世紀になると独鈷杵・水滴などがみられるようになり, 13世紀には懸仏・銅製五輪塔・三鈷柄剣・銅鈴・鐘鈴・火打鎌・鉄剣・刀子・古銭などさまざまな遺物が登場する。同様な変化は同じ白山系の別山頂遺跡でもみられ, そこでは10世紀に灰釉花瓶などが現われ, 12世紀に朱書経・経筒・刀子などが出現する。

ところが, 白山系の山岳でも, 笈岳山頂遺跡や三方岩岳山頂遺跡では12世紀に遡る遺物が発見されておらず, 13世紀以降に遺跡の形成が開始されたとみられる。笈岳山頂遺跡からは懸仏・仏像・経筒・銅鏡・鉄剣・鉄刀・鉄槍・鉄鏃などが発見されているが, 時期的には14・15世紀のものが主体を占めており, 三方岩岳山頂遺跡出土の青磁水注も14世紀のものとみられる。このことは, 白山系の山岳のうち中心部にある御前峰・別山への登拝行が10世紀に開始され, 12世紀に変質したのち, 13世紀から14世紀にかけて周辺部の笈岳や三方岩岳への登拝行がおこなわれるようになったことを物語っていよう。この場合,「白山禅定」とよばれたのは御前峰や別山への登拝行であり, 笈岳や三方岩岳への登拝は尾根沿いに縦走する回峰行の一環としておこなわれた可能性が高い。つまり, 10世紀に開始された山岳登拝は, 13世紀から14世紀にかけて回峰する山岳練行へと発展したとみられるのである。

2 修験道寺院の構成

山岳修行の拠点である修験道寺院の構成を近年調査が進んだ石川県鹿島町の石動山を例にみておこう[6]。

中世から近世にかけて石動修験の拠点として栄えた石動山には大規模な修験道寺院跡が残されている。それは石動山の主峰大御前の山頂から山腹にかけて営まれた主要堂塔跡, その麓の緩傾斜地を中心にひろがる院坊跡, 周辺の山中に点在する行場や拝所などから構成されている。主要堂塔のある寺院中心部は山頂・その西南の尾根・東南の山腹の三地区に大別できる。山頂には五社権現大宮の社殿 (相殿に白山をまつる) を営むのみで, 他の堂宇はなく, 山内でも重要な聖地として位置づけられていたことがうかがえる。西南の尾根には五社権現のうち火宮・剣宮をまつり, その下方に二王門と行者堂を配する。東南の山腹には, 五社権現のうち梅宮をまつり, 開山堂・籠堂・多宝塔・五重塔・大師堂・経蔵・鐘楼・講堂などの堂塔を営んでいる。

堂塔の配置は地形に応じておこなわれたもので, 規則性を見い出すことは難しいが, 大宮への参道を基準として配置された可能性が高い。五重塔や講堂の発掘調査では, 炭化材・焼土層・焼けた礎石などが検出されており, 記録にみえるように天正10年 (1582) の火災で堂塔が焼失したことが判明した。このことから, 堂塔が少なくとも天正10年以前には整備されていたことが知られる

53

図2 石動山の修験道寺院跡（黒ぬりが堂塔跡，網かけが院坊跡）
（『鹿島町史 石動山資料編』より作成）

が，堂塔の建立時期については出土遺物などによっても特定することができない。しかし，永仁3年（1295）3月26日付権少僧都相助奏状には「能登国石動山五社」とあり，すでに五社権現の社殿が建てられていたとみられる。おそらく，13世紀から14世紀にかけて，堂塔の整備がなされたのであろう。

院坊跡はほぼ方形の屋敷地をもつが，その配置は地形に応じてなされているため，不規則である。かつて360余坊を数えたといわれるだけあって，緩傾斜地に密集して営まれており，屋敷地も広狭さまざまである。講堂のすぐ南側にある仏蔵坊跡の発掘調査では，近世の遺構の下に3層の焼土層の存在が確認され，焼失後に盛土して整地している状況が明らかになった。しかも，最下層から礎石建物が検出されており，14世紀頃から数度にわたる建て替えを経ていることが確認された。また，行者堂に近い三蔵坊跡の発掘調査では，14世紀の珠洲焼水注をともなう礎石建物の存在が確認されている。いずれも調査面積が狭いために建物の全貌を知り得ないが，寺院中心部に隣接する所では院坊の建設が14世紀に遡ることが判明す

る。行場や拝所の遺跡は八大山の修行窟など多数あるが，詳細は不明である。

このように，石動山の場合，仏地としての堂塔，僧地としての院坊，山岳修行の場である行場などがセットになって一山を形成していることが知られる。それらの堂塔・院坊・行場などは機能的にわかれているのみでなく，空間的なまとまりをみせており，高所に堂塔を設け，その前面の低所に院坊を配置するという構成をとっている。堂塔と院坊はいわゆる修験道集落を構成しており，そこから離れた山中に行場が設けられ，集落と行場は入峰道でつながっている。このようなあり方は，たとえば山形県羽黒山で山頂を中心として堂塔が営まれ，その山麓に院坊が建ち並び，行場は奥深い山中に散在するというように，各地の修験道寺院でみられる。しかし，こうした修験道寺院のあり方がいつ頃成立したのか，石動山の例でみる限り14世紀頃の可能性が考えられるものの，明確な解答は得られておらず，今後の調査の進展が期待される。

註
1) 日光二荒山神社『日光男体山 山頂遺跡発掘調査報告書』角川書店，1963
2) 大和久震平『古代山岳信仰遺跡の研究』名著出版，1990
3) 時枝 務「日光男体山頂遺跡出土遺物の性格―新資料を中心として―」MUSEUM, 479, 1991
4) 日光市史編さん委員会『日光市史 史料編』上，日光市，1986
5) 国学院大学考古学資料館白山山頂学術調査団「白山山頂学術調査報告」国学院大学考古学資料館紀要，4, 1988
6) 鹿島町史編纂専門委員会『鹿島町史 石動山資料編』鹿島町，1986
　本稿における石動山に関する記述は同書所収の資料によった。
　なお，白山および石動山については，戸澗幹夫・垣内光次郎両氏から多くの御教示を得た。記して御礼申しあげたい。

板碑造立の風潮

徳山大学教授
播磨 定男
（はりま・さだお）

——青石板碑の地方拡散——

関東地方で発生した青石塔婆形式の板碑文化は13世紀中
ごろから地域の枠を越えて遠く中国地方にまで波及した

板碑は石造塔婆の中でも地方性や地域性を色濃く反映した文化遺産である。主尊標識に地域的な特色が存するだけでなく，形式面においても整形・不整形の別があり，さらに整形化された遺品にもかつて服部清道博士が武蔵・東北・下総・阿波・九州型と五系統に分類されたように[1]，これが造立された場所によって差異が認められ，全体として板碑文化の内容を豊富ならしめているのである。信仰面のことはさて措き，上の分布地における形式的特色はその主要因が板碑の用材，つまり地元産石と深いかかわりをもっていることは言うまでもない。板碑はわが国中世の時代に入って全国各地に造立されたが，その際人々は主に地元産石を用材として利用したために，同じ板碑と称しながらも様々の形式を生むに至ったと解されるのである。

ところが，全国に分布する遺品の中には，これらとは異質な，すなわち地元産石を用材としない板碑の存在も認められ，早くから注目されてきたことも事実である。例えば北海道網走市にある応永年間の阿弥陀種子板碑や山形県真室川町の元亨4年阿弥陀三尊種子板碑などは，共に地元産石とは異なる緑色片岩（青石）製の遺品であり，とくに後者は同じ整形板碑でも同地方の置賜型とは当然ながら形態を異にしている。したがってこれら異質・異系統の存在は，他地域から移入した搬入物と見做され，同地方への板碑文化の伝播流入，さらには板碑文化そのものの隆盛期における拡散現象として甚だ学問的関心を呼ぶのである。しかし，現存の遺品を手掛りとするだけでは史料的にも限界があり，専ら石質と形式面の特色から関東地方との関連性を強調するに止まっているのが実情である[2]。

1 中国地方出土の青石板碑

鳥取・岡山県以西の中国地方5県には現在板碑が160基ほど発見されているが，この中で現存す

る緑色片岩製の青石板碑は次の5基である。
①正応4年（1291）阿弥陀三尊種子板碑
　　　（広島県三原市西町，万福寺）.
②永仁5年（1297）釈迦種子板碑
　　　（岡山県真備町箭田，真備町公民館）
③康永3年（1344）阿弥陀三尊種子板碑
　　　（広島県尾道市尾崎本町，大元氏宅）
④延文5年（1360）阿弥陀種子板碑2基
　　　（岡山県真備町箭田，真備町公民館）

①と③は上部および両側面に欠損があって原形を知り得ないが，②④の岡山県真備町公民館に現存する3基は頭部山形とその下に横二条の切り込みを有した，いわゆる青石塔婆形式の遺品であり，とくに①と②の2基は共に造立年次が13世紀までさかのぼることが注目される。それはこれら両基とも広島・岡山県において板碑としては最古の紀年銘を有するからで，同地方に板碑文化の流入した時期を知らせる意味からも貴重なのである。ただ，両遺品ともその後同地方に展開した板碑文化との関連から言えば，甚だ孤立した存在であることも否めない。広島・岡山県とも石造文化の主流は地元産石の花崗岩製の遺品であって，その花崗岩からなる上房郡有漢町垣字大石の高雲寺跡に存する嘉元3年（1305）銘の像容板碑が，周知のように鎌倉時代に近畿地方を舞台にして活躍した伊派石大工によって製作されていることを考慮すると，上の緑色片岩製板碑は同地方のものとは異系統で，しかも他所から移入された可能性が極めて高いと言わねばならない。ただその際，中国地方の場合は瀬戸内海を挟んで四国と対峙している関係から搬出地として徳島県が比定される。かつて永山卯三郎氏も岡山市浜田町の報恩寺に旧在した貞和4年（1348）銘の青石板碑について「岡山県固有の物とは言い難し」と評され，四国徳島県からの伝来品であることを示唆された[3]。

しかし，徳島県に分布する板碑と前掲の中国地方にある青石板碑とを対比した場合，その系統性

についてはいくつかの疑問が生じてくる。確かに徳島県吉野川流域は日本でも有数の緑色片岩地帯で、ここから産出される石材を利用した板碑文化は文永7年（1270）銘の名西郡石井町下浦にある阿弥陀三尊種子板碑の存在が示すように、中国地方よりは年次的に先行しているが、13世紀末までに造立された遺品はわずかに4基しか存しない。つまり中国地方の正応4年銘や永仁5年銘が造立された頃は、徳島県地方の板碑文化は未だ濫觴期であって、他地方への影響や流出といった事態は想定し難い。また②の主尊に刻された釈迦種子は、同地方から発掘されている有銘板碑219基中に皆無であり[4]、④の延文5年銘2基にある花瓶なども徳島県地方のものと形状を異にしている。したがって、前掲の中国地方にある青石板碑を四国徳島県からの流出物、またはその系統下にある遺品として認めることには躊躇せねばならないが、しかし紀年銘や主尊標識、花瓶にしても現存遺品との対比、あるいはこれらから抽出された一般的知識によって判断されることであって、決して絶対的なものではない。例外的な事実が存すればこれを包摂し得ないこともあり得るわけで、この相対的な比較研究法から導かれた蓋然的知識を少しでも必然的なものに近づけるためには、研究対象自体から解答を引き出すような科学的方法を駆使せねばならない。具体的に言えば、上記遺品の石質を化学的に分析することによって、その原産地を確定する作業が必要となってくるのである。

2　石質分析と原産地の比定

中国地方にある青石板碑の原産地として比定されるのは四国徳島県と埼玉県を中心とした関東地方である。理由は両地方とも緑色片岩の産出地として有名であるばかりでなく、これを使用した板碑が多数造立され、しかもその中には前掲の遺品より年次的に先行するなど、早くから青石板碑文化の展開が見られるからである。したがって石質

の分析に当たっては、埼玉・徳島の両地方から現地の緑色片岩を採取し、これに中国地方の青石板碑を加えて実験に臨まねばならない。実際は徳島県名西郡石井町で採取した石片2個と埼玉県飯能市旧在の青石板碑[5]、それに前掲岡山県真備町公民館所蔵の延文5年銘1基から削り取った石粉の4試料を準備し、山口大学名誉教授岡村義彦博士に石質の分析を依頼した。実験は各試料をすべて粉末にしX線回折によって組成鉱物やその量比を同定する方法が採られたが、その結果は表1に示す如くである[6]。

各試料とも緑泥石や曹長石、藍閃石などは同定されるが、白雲母、パラゴナイト、石英になると、これを含むもの含まないものなどの差異があって、同じ緑色片岩でも変成度や鉱物組成に地域差のあることが判明する。鉱物組成の種類やX線チャートによる量比などの差異に注意しながら各試料の異同を指摘すると、岡山県真備町と埼玉県飯能市旧在の板碑から採取された試料は、主成分として緑泥石、曹長石、藍閃石、白雲母が共通して含まれ、後者にはさらに少量の石英も同定される。これに対し徳島県石井町の試料は、2種類とも緑泥石、曹長石、パラゴナイト、藍閃石を主成分とし、これに少量の石英、クリノゾイサイト（緑簾石の一種）、方解石などが同定される。したがって、岡山県真備町および埼玉県飯能市の試料と徳島県石井町のそれを並べた場合、前者は後者には同定されない白雲母を含むが、反対にパラゴナイト、石英、クリノゾイサイト、方解石などを欠いており、双方には鉱物組成上の違いのあることが判明する。すなわち、問題の岡山県真備町の試料は距離的には近い徳島県よりも、埼玉県飯能市旧在の板碑から採取された試料に、鉱物組成や量比の面で近似していることを告げているのである。

さらに今回は上の実験を補強するために、埼玉県内3ヵ所の緑色片岩採石地を訪ね、現地から石片を採取し、石質の分析を試みることにした。理

表1　X線回折による分析結果　　　　　　　　　　○主成分　△副成分

地域 ＼ 組成鉱物	緑泥石	曹長石	藍閃石	白雲母	パラゴナイト	石英	クリノゾイサイト	方解石	緑閃石	パンペリー石
岡山県真備町板碑	○	○	○	○						
埼玉県飯能市旧在板碑	○	○	○	○		△				
徳島県石井町　（spot）	○	○	○		○	△	△	△		
同　　（non-spot）	○	○	△		○	△	△	△		
岡山県旭町	○	○		○					○	○

青石板碑は埼玉県秩父地方産出の緑色片岩によって製作されたことが明らかとなったのである。

3 おわりに

岡山県真備町公民館所蔵の青石板碑3基は，大正年間に同町下二万字矢形の地蔵鼻から出土した逸品である[7]。これ以前の様子は知り得ないが，同じ石質からなる整形板碑は岡山市浜田町の報恩寺にも旧在しており，上の1カ所のみから出土しているわけではない。また，広島県三原市万福寺の正応4年銘は同寺が三原八幡宮の宮寺であった関係から，明治の廃仏毀釈まで同社の御神体として祀られてきたことなどを勘案すると，中国地方に現存する青石板碑が後代の移入とは言い難い。むしろ，これらよりも60年ばかり前に関東地方で発生した青石塔婆形式の板碑文化が，その後の隆盛によって遂には関東という地域的な枠を越え，全国に波及したものと考える方が自然であろう。頭部山形と横二条の切り込みという特殊形式をもって関東地方からの文化的伝播・波動と解するならば，その痕跡はすでに13世紀中頃から見られる。山口県宇部市にある文応2年（1261）銘の板碑などはまさしくこれに該当するが，石材は地元産の石灰岩を使用しているのに対し，前掲の正応4年銘以下の5基は，関東の秩父地方から産出される緑色片岩を使用しているところに，その後における板碑文化の急速なる進展を窺うことができる。恐らくは製品化された板碑を遠く中国地方にまで運んで造立した可能性が高いのである。

表2 顕微鏡観察による分析結果　　○主成分　△副成分

組成鉱物 / 地域	緑泥石	緑閃石	緑簾石	曹長石	絹雲母	方解石	スチルプノメレン	黄鉄鉱
①長瀞町野上下郷	○	○	○	○	○		△	△
②小川町下里2区	○	○	○	○	○			△
③小川町下里3区	○	○	○	○	○	△		△
④飯能市旧在板碑	○	○	○	○	○			
⑤岡山県真備町板碑	○	○	○	○	○			

由は前回の実験が真備町所在の青石板碑と徳島県産の緑色片岩が，岩石学的に同一かどうかを確認することにあったため，関東地方採取の試料はわずかに1例しか提示できなかったことによる。製品化された飯能市旧在の青石板碑に加え，同地方の数カ所から標本を採取し，実験目的の完全を期したいと考えたのである。採石地として選んだのは秩父郡長瀞町野上下郷字滝ノ上（通称古虚空蔵）と，比企郡小川町下里二区，および同三区の3カ所で，前者は「青石石材採掘遺跡」として昭和38年に県指定となっており，後者の2カ所は現在も緑色片岩の掘り出しが盛んに行なわれている。採取した標本の石質分析は前回と同様岡村博士に依頼した。博士は各試料を薄片化し顕微鏡で観察する方法を試みられたが，その結果は表2に示す如くである。

①②③の各試料とも鉱物組成，変成度，岩石構造などの点で一致しているのは，採石地が同じ三波川変成岩帯でも秩父長瀞地域という共通性をもっているからである。緑色片岩といっても四国・近畿・関東地方ごとに変成度や組成に地域差のあることは表1からも知り得ることであるから，表2はいわば予想通りの結果と言えよう。ただ，同一地域でも個々の標本により鉱物組成の上で多少の差を生じることは，方解石，スチルプノメレン，黄鉄鉱などの副成分の有無によって知れる。また岡村博士は上記3試料の分析に加えて，④飯能市旧在板碑と⑤岡山県真備町板碑についても顕微鏡観察を試みられたので，これも併わせて表記することにした。X線回折で藍閃石と同定されたのが顕微鏡では緑閃石と観察され，さらにX線では確認されなかった緑簾石が顕微鏡で同定されるなど，双方の分析方法には微妙な違いも存するが，表2に示す如く，①②③と④⑤の各試料は岩石学的に同じ部類，同一範疇に属することが改めて確認されたのである。すなわち，今回の顕微鏡観察による石質分析においても，岡山県真備町所在の

註

1) 服部清道『板碑概説』16頁，角川書店，1933
2) 久保常晴「北海道応永板碑は関東型である」考古学ジャーナル，89，1973
3) 永山卯三郎『続岡山県金石史』141頁，岡山県金石史刊行会，1954
4) 石川重平・河野幸夫「阿波の板碑」（『阿波学会30年史記念論文集』所収，1985）付録の「阿波板碑年表」による。
5) この板碑は現在田中雅信氏（山口県下松市在住）が所蔵している。
6) この結果はすでに拙稿「岡山県真備町の青石板碑」（徳山大学論叢，33，1990）で発表している。
7) 同上拙稿参照

中世の埋経と納経 ——————

立正大学大学院
■ 山川公見子
（やまかわ・くみこ）

16世紀の埋経と納経は宗教行為としては同様のものであるが，細
かに検討すると納経の方が埋経に影響を与えていることがわかる

埋経と納経を考古学的にとらえた場合，その遺構主体部は，埋経では土中であり，納経では地上につくられた施設である。これらの行為は古代・中世・近世を通じて行なわれて，それぞれの時代ごとに変化している。今日，「経塚」という言葉で混同して表わされている埋経と納経をこれらの行為の性格の違いを重視した概念である「埋経」「納経」という言葉で中世の経塚を表現してみたい。

1 奉納経

経典を奉納するという宗教行為は，写経の奉納と読誦があり，この前者の方に埋経と納経は含まれる。埋経は経典を主体として土中に埋納したもので，納経も経典を主体として寺社やその中に設置された特別な施設に経典を奉納することである。ここでは埋経と納経の歴史的な概略を見てみたい。

(1) 埋 経

埋経は通説で寛弘4 (1007) 年の藤原道長の金峯山埋経が最古であるが，既発見遺物の報告によると治暦2 (1066) 年の佐賀県岩蔵寺の埋経をきっかけに北九州地方を中心に流行し，12世紀には近畿地方に，その後，他の地方に展開して15世紀前半まで継続している。この埋経は，貴族や地方豪族が中心に造営し，経典は如法経の作法で書写されている。経容器の主流は銅製経筒で，陶製や石製容器などの外容器を土中に納めてからその中に経筒を納め，その上に塚を造っている。当初の特色としては末法思想による弥勒値遇を願っていたが，13世紀以降は追善供養が主流となる。

次に埋経は，聖が中心の造営者となって16世紀に流行する。この時期の埋経では，経典および経筒は高さ10cm前後とかなり小さくなり，つくりもずいぶん粗雑になっている。目的は追善および逆修供養が中心である。

この埋経の後は17世紀後半より小石に1字ずつ写経した一字一石経が流行する。この埋経は，身

分に関係なくさまざまな人々が造営しており，目的も多様化している。

(2) 納 経

納経も古くから行なわれており，古代のものでは久能寺経，慈光寺経，平家納経が有名で，埋経と同様に華美で荘厳なものが主流であった。そして，中世の納経は板碑や納札などにその主旨を書きこの行為を表現しているもの，経筒に経典を納めて奉納したものがある。近世ではこれらをすべて総合した状態で経典の奉納を行なっているのである。

2 中世の埋経と納経

16世紀に流行した埋経と納経は同じ経典を同じ経筒に納めて奉納したものであることから，密接な関係があるといえる。ここではこの両者の性格を分析してみようと思う。

(1) 収納経典と経筒

中世に奉納された経典は，聖によって書写された法華経である。これは細字で一行の文字数も一定しておらず縦7〜9cmの小さなもので，一日頓寫経という方法で書写されたもののようである。この経典を納めた経筒は，銅板製で鍍金を施した身高10cm前後の筒身を持つ円筒形が主流で，この他に六角宝幢形，八角形の経筒がある。

これらの経筒には，その形に関係なく定型化された銘文が刻まれており，次のようなものである。

十羅刹女　聖
奉納大乗妙典六十六部
三十番神　旦那
　　　　　年号

経筒の銘文を分析すると次のようになる。

経典は大乗妙典が主流で早い時期には如法経，法華妙典，少し遅れて経王が使われている。その細部の主流は六十六部で，早い時期は六十六部の下に一部，一部所などの言葉が付け加えられ，遅い時期には六十六部の代わりに二部，三部，六部

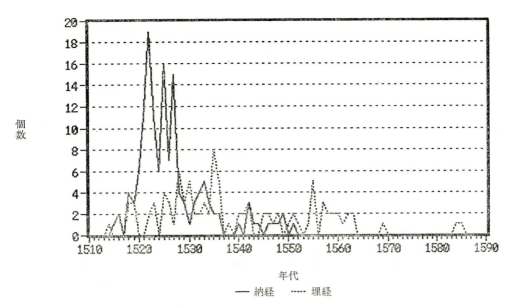

図1 埋経と納経の経筒の年代別個数

などが使われている場合もある。それから，経典および法華行者の守護者として十羅刹女や三十番神以外に釈迦などの種子を書き加えているものもある。銘文にあらわれた人物は，直接の行為者の聖と間接的な立場の旦那，施主がある。聖は埋経および納経という宗教行為のすべてを行なった人物で，複数の名前が書かれていたことなどから集団で行動していたといえる。そして，埋経や納経を数回行なっていたり，埋経も納経も行なっている聖の存在も確認できる。旦那や施主は聖と同じ出身地の人物が多いが，他の地域の人物もいる。聖の出身地の主流は関東・東北地方であるが，これらの中には高野聖や山伏も含まれていたのである。目的は追善および逆修供養であることが多い。

経筒の年号からこの経典の奉納は永正15 (1518) 年から天文5 (1536) 年が最盛期で，天文6 (1537) 年には1件も行なわれていない。その後は奉納が再開され，少ないながらも継続されている。

(2) 埋経遺跡

中世埋経は古代のものと同様に塚がつくられ，高さ0.5～2.5m，径が2～10mである。その主体部もまちまちで，露出したものから地表下2mの間にある。埋納方法は経筒を円筒形あるいは方形の石製外容器，陶製容器などに納めてから埋納したものもあるが，多くは経筒を直接埋納したもので，中には布に包んだりまわりに粘土や小石を詰めて保護したものもある。小石の中には写経石も

図2 経筒（坂本館山遺跡）
（「宮城県の経塚について」東北歴史資料館紀要，1，1975より）

あった。埋経に使われた経筒の多くは円筒形であるが，六角宝幢形，八角形の経筒，長方形の経箱もある。

埋経の副埋物には仏像，仏法具，利器などもあるが，主流は銅鏡と銭貨である。とくに銭貨の出土が多く，これらは宋銭が中心である。その性格は埋経という宗教行為に伴うものであることから地主神に対する報賽銭であるといえる。

この埋経の初現は，六十六部を銘文に使ったものでは山形県羽黒出土の文保3 (1319) 年の総高

59

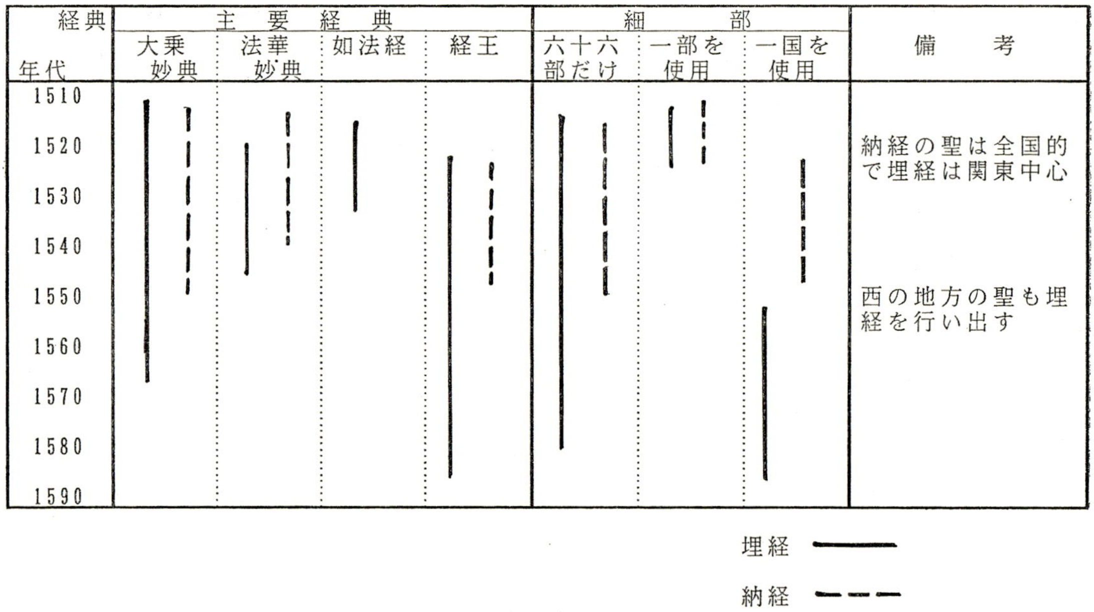

経典 年代	主要経典				細部			備考
	大乗妙典	法華妙典	如法経	経王	六十六部だけ	一部を使用	一国を使用	
1510								納経の聖は全国的で埋経は関東中心
1520								
1530								
1540								
1550								西の地方の聖も埋経を行い出す
1560								
1570								
1580								
1590								

埋経 ——
納経 － － － －

図3　銘文における経典の変化

15.7 cm の銅板製円筒形経筒で，三十番神・十羅刹女では新潟県出湯出土の正安元 (1299) 年の身高8.3 cm の銅板製円筒形経筒である。16世紀では永正11 (1514) 年のものが初めてであり，その後大永7 (1527) ～天文5 (1536) 年，天文21 (1552) ～永禄6 (1563) 年に二度の流行期をむかえ，天正13 (1585) 年を最後に行なわれなくなる。

(3) 納経箇所

納経箇所で調査されたものは島根県大田市の大田南八幡宮の正平17 (1362) 年銘の鉄塔のみで，これには約170個の銅板製円筒形経筒が納入されていた。この鉄塔は高さ186cmで笠形の屋根をつけたもので，塔身の上部には経筒や納札を投入できる小窓があけられ，塔の地下も内径58 cm，深さ101cmの円筒形にくり抜いた石筒を埋め込んで経筒や納札を多く収容できるように造られていたものである。

このような鉄塔は，文保2 (1318) 年銘の兵庫県洲本市千光寺の鉄塔，元徳3 (1331) 年銘の栃木県日光市中禅寺の鉄塔，文和4 (1355) 年銘の岩手県平泉町千手院鉄塔があり，記録では正平24 (1369) 年銘の和歌山県那智山にもあったことが確認されている。

大田南八幡宮の鉄塔に納入された経筒の年代的分布は永正12 (1515) 年が初現で永正15 (1518) 年から天文5 (1536) 年に流行期をむかえ，天文20 (1551) 年を最後に行なわれなくなる。そして，

納経の時期が早いものの方が全国的な規模で聖が納経を行なっており，後ほど関東・東北地方の聖に片寄る。

3 ま と め

中世の埋経と納経を分析した結果は以上のようになる。これらより，16世紀の埋経と納経は宗教行為としては同様のものであることがわかる。しかし，この両者の年代的・地域的分布や銘文の細部の微妙な相違を見比べると納経の方が埋経より先行しているといえる。すなわち，納経の方が埋経に影響を与えていたといえる。中世の埋経は形式は古代の経塚の模倣であっても，本質は13・14世紀に行なわれた六十六部の回国納経から派生したものといえ，いわゆる経塚ということができないのである。

参考文献

石田茂作「経塚」『考古学講座』2～6，1926
三宅敏之「経塚研究の現況と課題」日本歴史，290，1972
坂詰秀一ほか「特集・経塚研究の現状」考古学ジャーナル，153，1978
関　秀夫『経塚の諸相とその展開』1991

中世の葬送と呪術

元興寺文化財研究所
藤澤典彦
（ふじさわ・ふみひこ）

葬送における呪符とくに物忌札は本来は陰陽師の受け持ちであった
が，14世紀に入る頃から僧侶の手に移り，仏教的なものに変容する

呪術とは何らかの異常事態に対する処方であり，人間の力では如何ともしがたい事を呪作・呪文・呪符などの作用により可能にする方法である。人間の生の営みの中で最も如何ともしがたいものは，老・病・死である。とくに死は非日常の極みであった。死をめぐる一連の営みはまさに呪術の関与すべき分野であった。本稿では，考古遺品としてその痕跡を残している札・符を通して死をめぐる呪術について考えてみる。

1 物忌札の挿立

人の死を眼前にして，まず問題になるのが穢れの発生である。穢れの観念は平安貴族の中で次第に醸成されてゆき異常なまでに細かい規定が作られるようになった。平安貴族の日記を見ると穢れにいかに対応するか腐心している生活ぶりがうかがえる。穢の発生要因を整理すると死穢・殺人穢・五体不具穢・改葬穢・発墓穢・産穢・傷胎穢・胞衣穢・妊者穢・月事穢・失火穢・灸治穢・喫肉穢・喰五辛穢・獣死穢・獣五体不具穢・獣産穢・獣傷穢などになる。要するに，人間をも含めた動物の誕生と死に係わる出来事なのである。平常と異なる秩序の生起の発端が異常と認識されている。

人が死ぬと様々な儀礼が行なわれるが，後世に遺物として遺るものの中でまず第一に行なわれるのが物忌札の挿立である。物忌札は古くは9世紀に遡る物が平城京で出土している。平安時代を通じて文献的にかなりの例が見られる。それらを通観すると，物忌札挿立の状況には次の二つの場合がある。

1. 物忌の期間であるとか，神事に携わる予定などのために穢れに触れないようあらかじめ物忌し，外からの穢を防御する場合。
2. 穢に触れたので，その穢が伝染しないために注意を喚起し，穢を封じ込める場合。

さらに，平安時代末になってから見られるのが葬送に伴う物忌札である。これは2の場合の展開し

たものだが，単に穢を封じ込めるためではなく，葬送儀礼の中に位置づけられているところがそれまでとは異なる。

葬送儀礼のどの時点で物忌札が挿立されたのであろうか。

『本朝世紀』天慶2年（939）2月13日条
又内裏中重垣，昨日下女俄死去，仍自今日諸陣立簡，神事諸司不可参入之由也，

『小右記』長和5年（1016）4月11日条
甲申〜中略〜伺雨隙欲参入之間，下人子童〔七歳〕，落入井中，驚而令取出，經暫程僅取出，已溺死，令立札，

などでは，死後すぐに簡・札が立てられている。物忌札とは記されていないが，平城宮跡で出土している物忌札と変わらない物を想定できるだろう。しかし，これらは葬送儀礼の一環ではなく，単に死穢拡大の防止措置でしかない。

『玉葉』養和元年（1181）12月11日条の，
今日初七日也，（仍）付物忌，然而強不堅固，今日僧侶皆着甲袈裟，是先例也，但講師不着表衣也。

この「物忌」は物忌の時に冠や衣服に付ける小型品で，簡自体をも物忌と称した事が貴族の日記などに散見される。柳の枝を削った長さ3分ばかりの大きさであったと考えられる。ここでは初七日にあたり物忌を衣服に付けることが行なわれており，門前に立てる札ではないがこの記載からそれまでの物忌習俗が葬送と結合している事が確認される。

『明月記』の建久3年（1192）3月19日条には，
巳時参院，衣冠 毎日御講託人々退出程也，初七日講筵不被始已前，被立御誦經使，（中略）頭中将帯弓箭伺候，無指役身伺候，還有憚，仍退出，殿下自昨日御宿也，今日下被付御物忌云々 院御所付之，立物忌簡，

この七日は後白河院の初七日の事であり，12世紀末の時点で貴族の世界においては葬送に伴う物忌札の挿立が知られる。

『今昔物語集』巻第16—5には，

　　鷹取りが仲間に裏切られて鷹の子を取られ，自分は岸壁の中に置き去りにされてしまう。家族には海に落ちて死んでしまった事にされるが，観音が変身した大蛇に助けられ，「漸く歩て，家に返て門を見れば今日，七日に当たりて，物忌の札を立て門閉たり。門を叩き，開て入たれば，妻子，涙を流して，先ず返来れる事を喜ぶ」という話がある。

同じく『今昔物語集』27—23には，

　　今昔，播磨の国□□の郡に住ける人の死にたりけるに，其後の拈など為させむとて，陰陽師を籠たりけるに，其の陰陽師の云く，今某日，此家に鬼来たらむとす，努々可慎給しと，家の者共此の事を聞きて，極く恐ぢ怖れて，陰陽師にそれをば何かが可為と云へば，陰陽師，其日物忌を吉く可為也と云ふに，既に其日に成りぬれば，極く物忌を固くして，其の鬼は，何より何なる体にて可来なりと，陰陽師に問ければ，陰陽師，門より人の体にて可来し，然様の鬼神は横様の非道の道をば不行ぬ也，只直しき道理の道を行く也と云へば，門に物忌の札を立て，桃の木を切り塞ぎて，口法をしたり，而る間，其の可来しと云ふ時を待て，門を強く閉て，物の迫より臨ば藍摺の水干袴著たる男の笠を頸に懸けたる，門の外に立て臨く陰陽師有て彼ぞ鬼と云へば，家の内の者共恐ぢ迷ふ事无限し……

とある。「人の死にたりけるに，其後の拈など為させむとて」陰陽師を呼び「門に物忌の札を立て」たのであり，この時点も初七日と推定できる。

これらの物忌札挿立の時は初七日であった。

次に時代は降るが『伏見上皇御中陰記』には，

　　文保元年九月三日寅刻。法皇有御事。自一昨日御悩御危急。終以及珍事云云……

　　四日　今日有御葬礼事……

　　十五日　今朝被立御物忌札於門々。御簾等同付之。

　　十六日　今日二七御仏事也 広義門院御沙汰也。毎事如初七日 御誦経幄并散花机等如例。御導師圓伊法印。今日例時之後被曳御遺物 各八種也。（中略）今日又被立御物忌札。

とある。文保元年は1317年に当たる。この場合は初七日と二七日に物忌札が挿し立てられ，以後中陰明けまで物忌札の記載はない。

『師守記』康永4年（1345）2月12日条には，

　　今日日佛供養如例

　　今日被立物忌札 門内，入夜撤之，二七日前日又可立之，其後不可立也，先例也，（中略）札様，長三尺許也，桓也，

　　　　【梵字（バン）物忌】（物忌札の図）

　　籠僧空一房被書之

とみられ，初七日と二七日に物忌札を立て，以降は立てないのが先例であるとする。同じく『師守記』康永4年（1345）4月18日条には，

　　今日物忌 小門内 入夜撤，初七日札也，今日以後不可立之，延慶・正和・嘉暦等例也，

とみられ，物忌札を挿し立てるのは初七日のみであり，そのことは延慶年間（1308～1310）以来の事だと記す。

『親長卿記』の文明3年（1471）の記事には，二七日の仏事に物忌札を立てたが，初七日には立てず，この件について筆者は「不審」と記している。

　これらの諸史料を見るとき物忌札を挿し立てたのは初七日と二七日であり，初七日だけの場合も多かった事が知られる。

　物忌札を葬礼に際して挿し立てるようになるのはいつ頃であろうか。先出の『今昔物語集』の場合はいずれも庶民の話であり，『今昔物語集』の成立した時期にはすでに庶民の間にも物忌札を挿し立てる風習のあったことがわかる。『今昔物語集』の成立時期はほぼ12世紀の間に収まるであろうから，貴族の間の葬送における物忌札の挿立の風習もさらに12世紀の初期から11世紀に遡及する可能性も十分あるだろう。

2　物忌札と辟邪

　では物忌札は何のために挿し立てられたのか。先述の『本朝世紀』『小右記』の記載では死穢の拡大を防ぐ事がまず第一義であった。長々と引用した『今昔物語集』の27—23の場合は物忌札挿し立ての意義がよく現われている。この史料以外にも『今昔物語集』の27—35に「葬送の所には必ず鬼あり」，27—36にも「死人の所には必ず鬼有りというに」という文言がみられ，葬礼の場あるいは墓には鬼が寄り付くものだという時代の通念があり，その鬼が入ってこないように物忌札が挿し立てられているのである。物忌札に辟邪の威力があったのである。

ではどうして物忌札で鬼を追い払う事が可能であったのか。そこで参考になるのが『拾芥抄』の記載である。

　迦毘羅衛國中有桃林，其下有一大鬼王，號物忌，其鬼神王邊，他鬼神不寄，爰大鬼神王誓願利益六趣有情，實吾名號者，若人宅物怪屢現，悪夢頻示，可蒙諸凶害之時，臨其日書吾名立門，其故他鬼神不令来入，書吾名令持人，人如影可令守護，

『江次第抄』一　正月には，

　物忌鬼神王之名依其人年有可慎之日，件日禁一家之出入也，

この史料に見られるように物忌とは鬼神王の名前でもある。鬼瓦の顔で寺院に寄り来るまがまがしきものを追い払うのと同じ論理である。物忌札は訪問する人間に対して物忌中である事を示すための札から，葬送儀礼の一環に取り込まれる事によって，札自体が威力を有した辟邪の札に性格転換しているのである。

3　葬送の呪符

以上，長々と物忌札について述べたが，葬送に際して，呪術が関与するのは物忌札だけではなく，葬送儀礼の最初から最後まで多くの時点においてである。そして札も物忌札だけではなく様々なものが作られる。その具体的な様相が元興寺に残されている「入棺作法」という「正平七年午三月吉日」(1352)の奥書を有する次第書により知られる（図1）。〔この紀年銘は干支が異なり，問題がある。「平七」の部分が傷んでおり後から墨が入れられている。午年なら正平9年であり，本来は九とあったものが後の墨入れで七に替わったと考えられる。〕

それによると人間が死んで埋葬されるまでに様々な時点で様々なタイプの札類が作られている。図1は20～21頁の見開きの部分である。ここには，

　一　死人枕立符形退魔縁
　一　死人立門符形魔王百万鬼打返
　□□病死□房口押之不移人
　一　死人　忌時庭中立之魔王百万鬼打返
　一　死人出門立符

の5種類の符が記載されている。

　他の頁には，

　一　狂乱死人棺胸上曳覆符形
　　　　門戸立

として図2の符が載せられている。符と呼んでいるが，「立之」の表現から挿し立てるように下部を尖らせた札であったと考えられる。これらの符の内容はすべて葬送に関わるもので，様々な時点で様々な状況に合わせた符の作成を指示している。これらの符の内容を見るとき，近年各地で出土している様々な呪符の中に葬送関係のものも存在すると考えられる。

鳥羽離宮遺跡第124次調査では同大の呪符が2点（図3）と，それよりやや大型の呪符の破片2点が一括出土している。

鳥羽離宮遺跡周辺は古代末の貴族達の墓所であり，遺品も供養に関係する遺物が多く見られる。とくに124次調査では卒都婆・柿経(こけらきょう)が多く出土しており，この呪符もこれら柿経と一括の遺物と考えるべきで，葬送・供養に関係する遺品と考えられる。伴出の柿経は下部が尖っており，挿し立てられるもので，おそらく墓上に立てられたと推察される。同大の呪符2点はいずれも釘穴があり，その内の1枚の背面には「西」の墨書がある。お

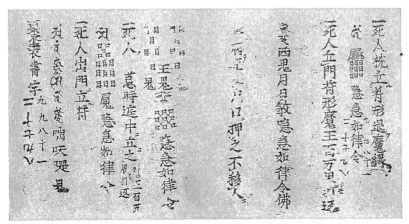

図1　「入棺作法」(1352年)

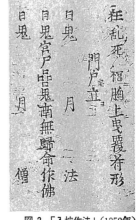

図2　「入棺作法」(1352年)

63

図3 呪符（鳥羽離宮遺跡）
『鳥羽離宮跡発掘調査概報』（昭和62年）より

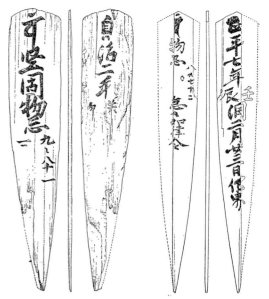

図4 物忌札（元興寺）

そらく本来は同サイズの札が4枚あり，何らかの施設の四方に打ち付けられていたと想定できる。四方に配すことの背景には結界・辟邪の意識が読み取れる。墓の釘貫あるいは墓塔（木製の塔もあった）などの四方に打ち付けられたと考えられる。この札も物忌札と同様に辟邪の意義を有するものであった。

福島県長沼町の南古館遺跡出土の呪符も笹塔婆などの供養関係遺品と伴出しており，葬送・供養に係わる遺品の可能性が強い。

4 物忌札と僧侶

物忌札の作成は本来は陰陽師の受け持ち分野であり，平安時代においてはそれらの札が陰陽師により作られていたことが文献的に明瞭である。僧侶と共に葬送に関与する陰陽師の姿が見られる。葬送の中で陰陽師の受け持ち分野は物忌札をはじめとする様々な札類の作成，葬列の出発の時刻・方角や墓の立地に関する事など様々な方面にわたる。

しかし，前掲の『師守記』康永4年(1345)条に，

札様　長三尺許也　椙也
【梵字（バン）　物忌】（物忌札の図）
籠僧空一房被書之

と見られるように，14世紀の時点では物忌札は僧侶の手で作られるものに変化している。元興寺の「入棺作法」は表紙右下に「東林院」と記され東林院の什物である。『大乗院寺社雑事記』には15世紀後半に東林院に属する僧達が物忌札を書いている事が奥野義雄氏により指摘されている。この本は東林院の僧達のテキストなのである。ここにみえる符の案文にはほとんど梵字が配されている。また元興寺には多くの物忌札が残されているが，それらにも伝統的な陰陽道の文言の上に梵字が配されている。元興寺の物忌札には正平7年(1352)，貞治2年(1363)，応安7年(1374)，応永6年(1399)，応永27年(1420)，文安2年(1445)など14世紀中期から15世紀中期までの紀年銘がある（図4）。先の『師守記』に見られるように14世紀に入る頃から物忌札は僧侶の手に移ってゆき，純粋な陰陽道的文言に仏教的梵字が加わり，仏教的なものに性格を変化させてゆくのである。

以上，葬送における呪符とくに物忌札を中心に考えたが，物忌札以外に葬送における呪符の問題はまだまだこれからの研究課題である。物忌札以外にも葬送に伴う呪符がある事，呪符の用途の弁別が今後の課題である事を指摘して本稿を閉じる。

参考文献

奥野義雄「物忌札とその世界　神祇的と仏教的物忌の二つの画期をめぐって」どるめん，18，1978
奥野義雄「『大乗院寺社雑事記』にみる物忌札とその周辺」どるめん，18，1978
和田　萃「呪符木簡の系譜」木簡研究，4，1982
難波俊成「元興寺極楽坊所蔵の呪符をめぐって」元興寺仏教民俗資料研究所年報1968，1969
難波俊成「物忌札」『日本仏教民俗基礎資料集成』4，1977

中世の葬場

■ 恵美昌之
名取市教育委員会

中世における葬送・墓制の調査研究で,墳墓群と関連する遺跡(遺構)として葬場跡があげられる。葬場についての研究は,文献史学や民俗学の立場からの研究はみられるが[1],考古学的な方面より検討されたものは少ない[2]。最近,都市工学的な見地から考証を試みられたものがある[3]。

1 葬場について

文献上,古代では葬場のことを三昧場といったが,平安時代には,山作所と呼んだ記録もみられ[4],中世以降,火葬の普及から茶毘所,火屋,龕堂などと呼ばれていた[5]。

また,葬送儀礼で遺骸の安置所と遺骸を処理する葬所から成っていたことや葬儀葬場での様子なども『古事類苑』禮式部1～4の記録から知られ,これに関し玉腰芳夫氏による古代末の堀河天皇火葬場推定図復元[6]や室町時代の1494年(明応3)編『諸回向清規式』巻第四「諸葬礼法之部」火屋の図解[7]などを理解しておく必要があろう。

いずれにしても,中世の葬送儀礼は古代以来の仏教文化の布教に伴う仏式葬法の伝統を継承するが,とくに中世では鎌倉新仏教の台頭と展開が拡大し,土葬・火葬を問わず新仏教に対応した葬法へ転化する中で,葬法行為に阿弥陀聖[8],三昧僧[9],蓮台廟聖[10]などのような僧侶がかかわりを増し,次第に寺院と深く関係をもつようになっていったことが知られる。

2 葬場跡の考古学的調査

現在まで全国各地から発掘されている墳墓群にかかわる葬場(的)施設の検出資料については,体系的にまとめられるまでには至っていないのが現状である。

しかし,これまで発見された主な遺跡は,室町後期の火葬炉跡が10余基発掘されたという福井県下河端遺跡をはじめ,土壙墓20基と火葬場1基が検出された大阪府岡本山古墓群D地区[11],地域集団共同墓地の三昧場と推定の神奈川県橋本遺跡[12],単発的ではあるが火葬施設が発見されている愛知県荒所切遺跡B区[13],東京都多摩ニュータウンNo.874遺跡[14],神奈川県笹目遺跡[15],福岡県篠振遺跡[16],火葬施設4基(1回限り使用と同一のものが何回か使用されている)が発見された愛知県加美遺跡[17],茶毘に付した土壙を土砂で埋め墓とした茶毘墓が検出されている静岡県一の谷・大原遺跡[18]などがあげられる。

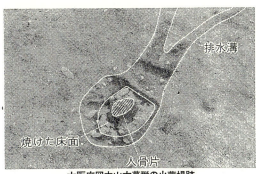

大阪府岡本山古墓群の火葬場跡
(高槻市立埋蔵文化財調査センター提供)

中世では,当然土葬に関係する葬場もあったと思われるが発見例の報告がみられず,火葬場の例が多い。

ここで火葬場の具体的な遺構の例を紹介するに,岡本山古墓群D地区の場合,火葬土壙は縦1.6m,横1.2mの小規模な円形を呈し,深さ0.25mの床面もU字状にくぼみ,窯壁状に硬化し,土壙南端に排水溝が取り付いて広い範囲に灰原がある。ちなみに火葬土壙のまわりの上屋遺構跡までは検出されていない[19]。

3 まとめ

中世の葬送・墓制における葬場について,文献史学の研究では,天皇・皇后および臣下貴族並びに武士,僧侶など上層部に関する資料の分析で,ある程度知ることができるが,考古学上文献記録で把握しえない火葬墓の全国各地への普及および一般庶民への浸透の痕跡を検証することができる。

したがって,中世墳墓群にあっては,墓域の把握に合せて,墳墓のみならず,それに関連する施設の発掘など総合的に調査研究を展開させる必要がある。

註
1) 水藤 真『中世の葬送・墓制』吉川弘文館,1991
   田中久夫『祖先祭祀の研究』弘文堂,1978
2) 斎藤 忠「葬送儀礼」『現代のエスプリ』No.111,至文堂,1976
   藤岡謙二郎ほか「火葬場」『講座考古地理学』第4巻,学生社,1983
3) 浅香勝輔・八木澤壮一『火葬場』大明堂,1990
4) 『古事類苑』禮式部,吉川弘文館,1970
5) 註4)に同じ
6) 玉腰芳夫「古代日本のすまい」ナカニシヤ出版,1980
7) 『大正新修大蔵経第81巻』大正一切経刊行会,1931
8) 『栄華物語』巻25
9) 『水左記』承暦5年(1080)7月27日
10) 『左経記』長元8年(1035)6月25日
11)～18) 日本考古学協会編『日本考古学年報』32～40,1982～1990
19) 森田克行「大阪府岡本山古墓群」歴史手帖,14-11,1986

仏具の鋳造

■ 荒川 維久
八王子市南部遺跡調査団

　近年における歴史時代の考古資料の充実には，眼を見張るばかりであるが，その中でも鋳造関係は，とくに資料集積と，それに基づく研究の進展著しいものがある。

　この分野は，香取秀真氏などに始まる長い研究の歴史があり，とくに遺物研究の分野では，梵鐘や磬，あるいは密教法具など，主として仏具関係を中心に，決定版とも言うべき著作が刊行されている。

　しかし鋳造技術と，その関連する遺構については，具体的な資料分析の点で，あるいは広い範囲から見た鋳物師の活動に対する認識において，必ずしも明確なものではなかったように思われる。

　このような状況のなかで，香取忠彦氏の論文「大型鋳造技術に関する一資料」（『MUSEUM』第317号，1977年）には，梵鐘鋳造の技術的な問題を絵画資料から論じており，画期的な意義があった。

　そして1981年の京都府の研修会資料『梵鐘鋳造遺構の現状とその諸問題』と，1984年の『古代研究』第17号の特集「梵鐘鋳造遺構」は，1970年代から徐々に増加しつつあった発掘資料を概観する上で，まさに時宜にかなったものであり，研究上重要な文献と考えられる。

　また，京都大学埋蔵文化財研究センターによる『京都大学構内遺跡調査研究年報　昭和57年度』などの報告書は，調査方法に一定の規準を確立したと言っても過言ではなく，事実，同センターは研究会の主催を含め，現在では鋳造遺跡研究の中心的存在である。

　これらの精力的調査・研究と，全国規模で日々増大する資料により，梵鐘など大型鋳造土坑と溶解炉の位置的相互関係，その排水処理および鋳型の保持方法，あるいは鋳造関係用具の形態・組織・使用法などについて，かなりの部分が明らかになってきた。

　とくに，橿原考古学研究所によって奈良県東大寺と巨勢寺において綿密な調査がなされ，寺域内における鋳造例として優れた資料が明らかにされている。これらのデータは鋳物師集団の出職としての活動を研究する上で，愛知県大山廃寺や福井県豊原寺跡における成果とともに注目すべきものである。

　また居職としての鋳物師集団の活動については，先駆的な報告がなされた鉾ノ浦遺跡から観世音寺前面を中心とする，福岡県太宰府市のものが充実している。ここで検出された居住空間を伴う鋳造工房群は，まさに集団的活動を必要とした鋳物師の生活形態を想起させる，貴重な資料である。

　そして現在では，一部，文献の方で論じられていたような鋳物師集団の性格についてのデータが蓄積されるなど，より深化した研究が始められている。

　たとえば河内鋳物師に関連して，豊富な考古資料に加え，西日本に広く分布する河内鋳物師の製作にかかる梵鐘など，単なる遺跡単位の報告を越えて多様なデータが検討され，今後の展開が期待される。

　これらの，関西を中心とした鋳造遺跡研究に対して，関東以北においては鋳型などの遺物については資料があるものの，生産にかかわる遺構の検出など包括的資料の検出は，やや乏しかった。しかし最近，福島県の向田A遺跡を始め，良好なデータが報告されている。とくに，埼玉県の金井遺跡B地区において，多くの鋳造遺構に建物跡，井戸跡，粘土採掘坑跡などを伴う，中世鋳物生産の顕著な事例が発見された。

　遺物は，仏教関係に日用品関係を含む，極めて多量でしかも多彩なものであり，遺構についても鉾ノ浦遺跡と同様，工房の全体像復元に充分なものを有している。

　この大規模な鋳造工房の発見は，文献に残らない鋳物師集団の存在が想定されるものとして，全国でも特殊な資料であり，新たに定義された"入西鋳物師"の活動を明らかにする端緒となるものである。

　以上のような鋳造遺跡に関する成果は，生産遺跡の資料としてのみならず，伝世の文化財を歴史的文脈のなかに位置づける上でも，きわめて重要なものと考えられる。

梵鐘鋳造遺構（『京都大学構内遺跡調査研究年報　昭和57年度』より）

特集●中世を考古学する

生産と経済

中世において土器の生産と銭貨の流通はどんな状況にあっただろうか。いずれも資料は増加しているが今後の研究方向をも示す

中世の土器・陶器／埋められた銭

中世の土器・陶器
――中世前半の在地産土器様相――

東京都教育委員会
■ 福田 健司
（ふくだ・けんじ）

中世土器編年を確立していく上で骨格となる在地産土器である須恵系土師質土器・瓦器・山茶椀についてこれまでの成果を述べる

1 在地産土器

　中世前半の土器編年に限らずある地域の土器編年を行なうためには、まず最初にその地域で連綿と作り続けられる在地産土器の型式的変遷を的確にとらえ、緻密な相対的前後関係を明確にすることである。この作業が土器編年の一歩であり骨組となるはずである。

　近年、各時代の土器編年の中でもとくに奈良・平安時代の土器編年が、全国各地で確立されはじめている。この時代は、律令体制下であり、土器生産には何らかのかたちで国家が関与しており、地域ごとであるが土器様式に斉一性が見られる。中でも須恵器はこの時代の土器生産の根幹であり、とくに杯・椀・皿などの器形・法量の変遷はとらえられやすく、それゆえこの時代の編年・研究が全国各地で進んだと思われる。

　しかし、平安時代も後半の10世紀末頃になると律令体制の弛緩とともに、土器生産の根幹であった須恵器生産も全国的に終焉にむかい、11世紀に入ると須恵器に代わる土器が全国各地で一斉に頭角をあらわしてくる。それは、須恵器の流れを組む土器すなわち須恵系土師質土器と命名した土器

である[1]。この土器は、今のところ北海道・沖縄をのぞく全国各地で出土しており、器種構成などに一応斉一性が見られる。また、この土器に加え、畿内では瓦器、東海には山茶椀が出現してくる。

　以上のことを踏まえ、古代末期から中世にかけての土器編年を行なう骨組は、先に述べたように在地生産で連綿と続くこの須恵系土師質土器の相対的な型式変遷を確立することであるが、この土器は、律令体制が崩壊する過程で頭角をあらわすものであり、それまでの須恵器・土師器生産と違い、恐らく国家的規制よりはずれ、小地域の小規模な生産体制で製作されており、器形の変遷も微妙かつ複雑で、在地産の土器でありながらこの須恵系土師質土器を編年の基準とするには、非常な困難が伴う。それとともに、この土器が出土する古代末期から中世にかけての良好な遺跡の調査例の少なさもあって精緻な土器編年を組む上でのさまたげとなっている。

　過去、数少ない中世における土器編年は、古くから美術史的に研究が進んだいわゆる六古窯を中心としたものであった。近年、全国各地に広域に流通している、それらの器種を模倣した各地の中世

67

窯が明らかとなり，供伴する在地産土器に年代を与えた編年が増えている。

しかし，在地産土器と共伴する中世窯の壺・甕はかなり伝世されることを考慮する必要があり，単純にこれら搬入陶器の年代を賦与することは短絡的であり，正確なタイムスケールとしての土器編年でないと考える。

以上，今後精緻な中世土器編年を確立していく上で骨格となるべき在地産土器である須恵系土師質土器・瓦器・山茶埦について，現時点までの成果を大まかであるが述べてみる。

2 須恵系土師質土器

つい最近まで，古代末期から中世を代表する在地産土器は，畿内は瓦器，東海では山茶埦，そして東国は須恵系土師質土器と考えられてきたが，橋本久和氏を中心とする中世土器研究会の諸氏により，九州・四国・山陰・山陽を含む西日本はもとより畿内までも須恵系土師質土器（橋本氏は回転台土師器）が分布していることが判明した。東海は，この時期の集落の調査例は少ないが2～3の遺跡[2]で山茶埦とともに須恵系土師質土器が出土しており，東国を含めると全国に在地産の須恵系土師質土器が存在していることとなった。

では，この須恵系土師質土器とはいかなる土器であろうか。関東では，その出現は須恵器出現と同時か，それに近い時期である。しかし，古墳時代は日常品でなく少量しか生産していない。奈良時代中頃に多く出土するが，奈良時代後半から平安時代前半までは，須恵器生産がマキシマムになるため少量の生産である。この土器が頭角をあらわしてくるのは平安後期の須恵器生産が終了してからである。この土器は，独自の器種・器形はなく，須恵器が生産されている頃は，須恵器の器形・法量をそっくり模倣している。しかし，11世紀に入り須恵器が生産されなくなると，その模倣の対象をまだ生産されている緑釉・灰釉陶器にむける。そしてそれらが生産されなくなると木器・山茶埦（図1参照）を模倣するようになる。

図1の1・3・5は，恐らく平安時代より神饌用の木器として器形・法量を保っていると思われ

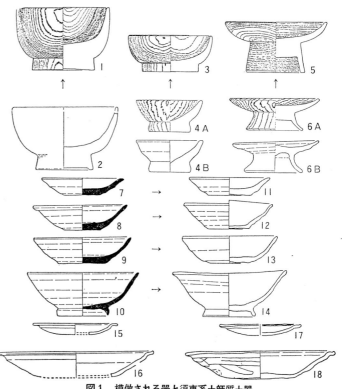

図1　模倣される器と須恵系土師質土器

る東京都府中市の大国魂神社の白木椀・小椀・高皿である[3]。それが証拠に2は，埼玉県入間市の9世紀中葉の新久窯より出土した木椀であるが，若干の法量差はあるものの1と瓜二つである。そのことを逆に見るならば4B・6Bの須恵系土師質土器は，3・5のような木器の祖形4A・6A（模写図）を模倣したものであろう。次に7～10は山茶埦であるが，それらを模倣した須恵系土師質土器が11～14である。器種・器形・法量を寸分たがわず模倣している。

以上のように，須恵系土師質土器はいろんな土器または木器を模倣する土器である。本来土器は，どのような器形でも作り出すことのできる土で作られるため，金属器・輸入磁器など入手困難な器を模倣するものである。もう一つ東国の須恵系土師質土器が模倣するものに，京都系「て」の字状口縁皿がある。これは，11世紀後半頃に17・18[4]にみられるように15・16のような京都産の皿をそっくり模倣した皿が東国でも出土する。この皿が1世紀たつ間に体部外面中央に稜を有し，体部下半から底部にかけて指頭による押えを施す皿へ変容すると考えられるが，今後この間の資料の増加を待ってこまかな変遷を考えていかなければならない。

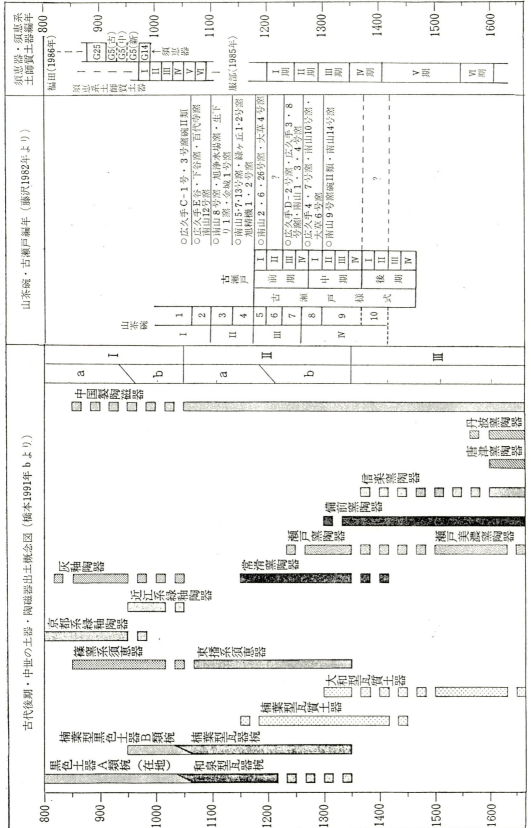

図2 畿内・東海・関東における古代後期〜中世の土器編年表

この須恵系土師質土器の体系的な編年は皆無であるが，唯一服部実喜氏の「鎌倉旧市域出土の中世土師質土器―所謂かわらけの編年を中心に―」[5]がある。鎌倉という当時の都市における地域内での変遷で，12世紀末から17世紀初頭までを7期にわけているが（図2参照），各期の時間幅が一定でない。また，10世紀末から11世紀末までの編年で，南武蔵という限られた地域内であるが筆者が行なっている[6]。10世紀末から11世紀末までを20年幅で6期に細分している。しかし，服部氏との編年の間に約1世紀空白がある。その後，その間を埋めるべく土器群を検討し，後半はおぼろげなる感触を得たが[7]，12世紀前半の須恵系土師質土器の資料が，当時東国ではまったく不明であった。現在も須恵系土師質土器に限らず今だもって12世紀前半の土器群が，全国で最後に残った空白の時期の土器群である。

3 瓦 器

橋本久和氏は，最近大阪北部の古代後期・中世の土器様相を発表した[8]。その時期をⅠ～Ⅲ期に大別し，Ⅰ期・Ⅱ期をa・bに2分し，さらにⅠa期を1～4，Ⅰb期を1・2，Ⅱa期を1～5，Ⅱb期を1～5に細分している。しかし，Ⅲ期は，今後資料を待つとしている。実年代は，Ⅰ期は古代後期で9世紀から11世紀中頃，Ⅱ期は古代末期から中世前半で11世紀後半から14世紀中頃，Ⅲ期は中世後半で14世紀後半から16世紀までとしている（図2）。区分の指標であるが，Ⅰ期は律令的な法量分化にもとづく器種構成の崩壊，和泉陶邑窯における須恵器生産の衰退により黒色土器生産の活発化，畿内周辺部での回転台土師器の盛行化。Ⅱ期は，Ⅰ期の主要器種であった黒色土器・回転台土師器の消滅，それに代わる瓦器埦・東播系須恵器の生産・流通としている。

以上のように，畿内の中世前半の土器編年の骨組となる在地産土器は瓦器である。橋本氏は，上述の編年とともに，瓦器埦についての現在までの研究についても発表している[9]。それらによると瓦器は黒色土器より系譜がたどれ，11世紀中葉頃に出現して14世紀中葉で消滅する土器である。瓦器埦は，現在楠葉

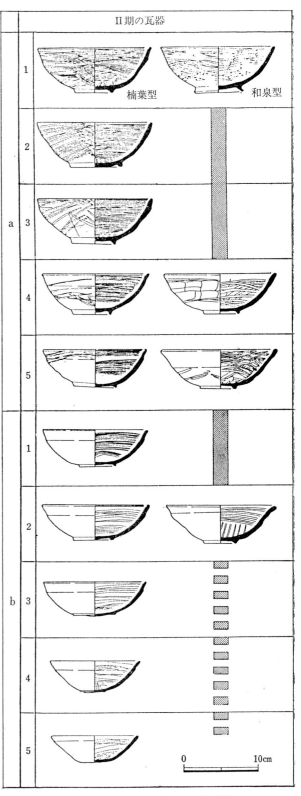

図3　Ⅱ期の瓦器（橋本註9）を一部省略）

型，大和型，和泉型，紀伊型，丹波型の５つの地域型に分類されている。黒色土器より瓦器への道は単純でなく，楠葉型は，黒色土器Ｂ類埦から移行する形態。和泉型は，黒色土器Ａ類埦からＢ類埦生産を十分に経ることなく移行したもの。他に黒色土器Ａ・Ｂ類埦生産が未分化な状態で移行したものがあると若干わかりにくい説明がされている。成形法も楠葉型埦は，粘土板の接合痕が体部にほぼ垂直にみられ，１枚の粘土板を折り曲げて成形。和泉型は粘土板紐巻き上げである。

これら瓦器を橋本氏は，古代末期から中世前期Ⅱ期の中でａ・ｂ２期にわけ，さらに10小期に分類している（図３参照）。

4 山茶埦

現在，山茶埦の編年でまとまったものに藤沢良祐氏のものがある[10]。藤沢氏によれば，山茶埦は灰釉陶器生産が終了した後出現したものでなく，11世紀中頃の灰釉陶器生産の中より生み出されたものである。そして，受容層が拡大する中で大量生産化が進み，無釉化・粗雑化すると考えられる。山茶埦は，灰釉同様専業化が進んでいたので型式的変遷を追いやすく，藤沢氏は11世紀中頃から15世紀前半までをⅣ段階10型式に分類している。

Ⅰ段階の山茶埦は灰釉が施されており，古代灰釉陶器同様の器種が残存する。窯体構造も灰釉とほとんどかわらない。Ⅱ段階になると原則的に無釉となり胎土も粗雑化し，ほとんどが山茶埦専業の生産体制となるが，古代灰釉陶器の器種も残存している。一方，窯数が爆発的に増加し，窯体構造も増大化する。これは，受容層が在地小農民層にまで拡大したことに起因しているが，その分布は東海地方に集中する。Ⅲ段階には，東海南部（瀬戸窯中心）のそれまでの荒肌手山茶埦と違い，北部（東濃諸窯中心）に均質手山茶埦が出現し，広範に流通する。それらは，埦・小皿の専業生産である。瀬戸窯は，山茶埦と施釉陶器が併焼される。そして東海地方では，上記に加え，施釉陶器である古瀬戸，無釉の焼き締め陶器である常滑・渥美の分業関係が明確化される。Ⅳ段階は，山茶

埦専業が施釉陶器と併焼だったものが，山茶埦専業，施釉陶器専業に発展する。しかし，その後山茶埦の生産は徐々に縮小し，衰退していく。

5 むすび

これら三種類の中世土器編年の骨組となるべき土器は，今まで無関係なものとして個別に研究が進んできた。しかし，三者とも11世紀後半の埦は同一器形である。なぜならば灰釉陶器を模倣しているからである。今後は灰釉の系譜上にある山茶埦の研究をさらに進め，共通性を追求し編年を考えていくべきである。

以上，限られた紙面の関係上，他の多くの先学の成果を紹介できないばかりか舌足らずの個所も多く，必ず別稿でくわしく述べるつもりである。末筆となってしまったが，学兄橋本氏より瓦器に関する文献で多大なお世話になった。紙面を借りてお礼を申し上げる。

註
1) この名称の正統性を主張したものは数々あるが，代表的なものは，福田健司「古代末期に頭角をあらわす土器」シンポジウム「土器からみた中世社会の成立」シンポジウム実行委員会（中世土器研究会），1990
2) 篠原英政・吉田英敏『重竹遺跡』その２，岐阜県関市教育委員会，1981など
3) 宮崎糺・福田健司「大国魂神社特殊神饌の木器について」府中市郷土の森紀要２，東京都府中市郷土の森，1989
4) 東京都日野市落川遺跡出土
5) 服部実喜『中近世土器の基礎研究１』所収，日本中世土器研究会，1985
6) 福田健司「南武蔵における平安時代後期の土器群」神奈川考古，21，神奈川考古同人会，1986
7) 福田健司「12世紀代の須恵系土師質土器」東国土器研究１，1988
8) 橋本久和「大阪北部の古代後期・中世土器様相」『高槻市文化財年報昭和63・平成元年度』高槻市教育委員会，1991
9) 橋本久和「80年代の瓦器椀研究をめぐって」MUSA博物館学芸員課程年報５，追手門学院大学文学部博物館研究室，1991
10) 藤沢良祐「瀬戸古窯址群Ⅰ」『瀬戸市歴史民俗資料館研究紀要Ⅰ』1982

中世の瓦

■ 小林 康幸
鎌倉市役所

　現在，中世の瓦に関する研究は全国を視野においた総括的な研究をみるまでには到達していないものの，各地で地域編年の作成や地域的様相の集約などが意欲的に行なわれている段階にある。1980年代までの研究動向については，すでに吉村正親氏がまとめられているとおりである[1]。ここでは日頃，筆者が取り組んでいる関東地方の注目すべき一事例を紹介し，中世瓦研究の一端を明らかにしてみることとしたい。

　神奈川県鎌倉市所在の永福寺跡は源頼朝が奥州平泉攻めから戻った直後の建久3年（1192）に建立した寺院の遺跡である。この永福寺創建期の軒瓦は八葉複弁蓮華文鐙瓦と均整唐草文宇瓦であるが，これらの軒瓦はどこの瓦窯で生産されたものか現在のところ不明であるが，愛知県名古屋市天白区所在の八事裏山窯で焼かれた灰釉のかかった軒瓦と同文関係にあることが確認されている。確実に八事裏山窯産と認定できる資料は鎌倉市内の鶴岡八幡宮二十五坊跡と千葉地東遺跡で鐙瓦が各1点，永福寺跡で丸瓦・平瓦が少量出土しているにすぎない。一方，宇瓦は鎌倉市内には出土例がなく，神奈川県伊勢原市のコクゾウ塚で出土している。この鐙瓦は中房の周囲に蓮華の雄シベを表現したとみられる放射状の特徴的な模様があり，この模様に注目して類例を辿ってゆくとその祖型は平安京域で出土する南都系の瓦に求められる。

　やや時代が下がると永福寺創建期の瓦当文様と同文の瓦は，埼玉県本庄市の浅見山I遺跡（早大本庄校地内遺跡），群馬県高崎市の来迎寺遺跡，および福島県伊達郡桑折町の下万正寺遺跡で均整唐草文宇瓦が出土し，埼玉県児玉郡神川村では八葉複弁蓮華文鐙瓦が出土している。ただしいずれの資料も生産瓦窯は不明である。このように八事裏山系瓦の瓦当文様は確実に鎌倉永福寺創建期の瓦当文様へと伝播し，その後北関東や東北南部の各地へと展開を遂げている。その時期は遅くとも13世紀前半頃とみられる。

　ここに紹介した八事裏山系の系譜のほかにも関東地方では，宇瓦の折り曲げ技法を特徴とする平安京系の系譜，13世紀後半から14世紀前半に真言律宗関係の寺院で出土する瓦に共通して見られる東国律系の系譜，東山道経由で群馬県の上野国分寺・国府周辺地域にもたらされたとみられる14世紀後半から15世紀中頃の南都系の系譜など，時期や地域によって複雑な系譜関係の存在することが今日までに確認されている。瓦の系譜関係は単に瓦当文様の伝播や模倣といった問題だけにとどまらず，それを製作した工匠集団をめぐる歴史的な問題にも及ぶものである。

　瓦の需給関係については，瓦窯跡の調査があまり進んでいないために明らかになっている事例は少ないが，永福寺の寛元・宝治年間修理期（13世紀中頃）に用いられた平瓦が，平瓦凸面の斜格子の叩き目とそこに表現された文字を手掛りとして埼玉県児玉郡美里町の水殿瓦窯で焼かれたものであることが判明しており，興味深いところである。

　中世の瓦の研究は，まだまだ緒についたばかりで多くの課題をかかえているが，今後の研究の進展次第では寺院の造営事情はもとより，商品流通の問題など多方面の問題を解明する可能性を有しており，中世考古学のなかでも大いに期待される分野であると言える。

註
1) 吉村正親「80年代の研究成果と今後の展望 各論・瓦」中近世土器の基礎研究，VI，1990

参考文献
拙稿「関東地方における中世瓦の一様相」神奈川考古，25，1989

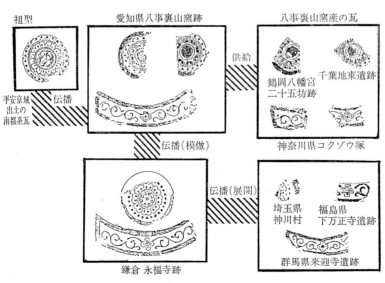

八事裏山系瓦の系譜関係

埋められた銭

埼玉県埋蔵文化財調査事業団
■ 栗原文藏
（くりはら・ぶんぞう）

出土古銭は遺構などの年代の上限を示しており重要である
が，とくに備蓄銭は最も顕著で多くの問題をふくんでいる

1 備蓄銭

中世の遺跡からは，かなりの割合で古銭が出土する。数枚のこともあれば，多量のこともあるが，歴史時代の発掘が増加している情況の中で，その扱いは重要度を増している。古銭に関する研究は，泉貨（銭貨）学と呼ばれるが，わが国ではややもすると，趣味上の事柄として見られていた感が強い。その関心も珍品などに置かれていたようであった。「古銭を愛する人の事」という話が『耳嚢（みみぶくろ）』に載っている[1]。「江戸内町人に右古銭を商買取遣りして豊かにくらせるもの多くある」などの記述があるので，かなりの愛好者がいたことがわかる。正徳2年(1712)常州増井村（現常陸太田市）正宗寺から出土した古銭については，60種，230余貫の分類した数値が残されていて，最新の銭貨は朝鮮通宝1であることも記録されている[2]。これらから江戸時代すでに，相当の水準に達していたことが知られるのである。

さて，埋められた銭のうち，最も顕著なのは備蓄銭である。備蓄銭は文字通り万一に備えて蓄えておいた銭貨に対する呼称である。備蓄銭という種類の銭貨がある訳ではない。近ごろ，渡来銭という用語が広まっているが，渡唐銭というのが歴史のある用語である。備蓄銭の出土例は，全国では4桁の単位に上ると推定されるが，発見の理由は長いこと開墾や耕作中が第1位を占めていた。昭和30年代に入ると，水道工事や下水工事などによる出土が目立って来る。その後は土採など開発に伴う事例が増加し，近年では発掘調査中の出土例が際立っている。ようやく備蓄銭の出土状態の一端が明らかになって来た。以下主な発掘例について，紹介する。

2 主な発掘例

青森県浪岡城例[3]

史跡整備のため，昭和52年から発掘調査が行なわれているが，昭和59年度の調査により内館中央の北端から検出されている。埋納遺構は東西に長い不整方形プランで深さ15cm以上，建物遺構の床面に掘り込まれた可能性が高いが，掘り下げ面は確認できなかったという。容器などは認められず，藁状のもので覆われていた形跡が部分的に認められたようである。出土した銭貨は55種5,971枚，最新の銭貨は永楽通宝で，約8％強を占めている。注意深い処置により，1緡の枚数について，次のようなデータが得られている。87枚・89枚・91枚・93枚・94枚・97枚・98枚——以上1緡，99枚——5緡，100枚——36緡，101枚——3緡，102枚・119枚——以上1緡である。

岩手県笹間館例[4]

圃場整備に伴う発掘調査により，二の郭（東館）の南側中央やや西寄りから出土したものである。埋納遺構は径20cmほどの円形プランで浅く，内部には特別な施設や布や皮といった敷物があった痕跡は認められなかったという。1緡の枚数が確認出来たのは，99枚・100枚・102枚——各1緡で，他に粗掘中に動いた160枚があるという。合計すると461枚になるが，この数行下には，38種462枚と記載されている。出土貨幣一覧表から算えると463枚であり，別な頁には464枚と4通りの記述がある。最新の銭貨は永楽通宝である。

新潟県石白例[5]

道路建設により，昭和46年・49年の二度にわたり備蓄銭が発見され，昭和50年に出土地の発掘調査が行なわれているので，状況がよくわかる事例である。出土地は神立城跡の麓に位置しており，古刹泉福寺跡とも考えられているようである。発掘により建物遺構跡や陶磁器類，石臼，金属器なども検出されている。備蓄銭は二度とも，厚さ2.5cm（8分）の大型木箱に納められていた。精査の結果，銭貨は82種271,784枚に上り，最新は朝鮮通宝(1423年)であった。1緡の枚数が確認出来たのは，次の27例である。92枚・94枚——以上2緡，95枚——7緡，96枚——4緡，97枚——7緡，98枚——2緡，99枚——3緡である。

埼玉県山根遺跡出土備蓄古銭

埼玉県山根例[6]

　圃場整備に伴う発掘で出土したものである。数mの間隔を置いて3ヵ所認められ, ピットの底には藁が敷かれ, また藁で覆われていたようである。出土枚数は15,000枚に上ると推定され, 1か所分の精査結果によると54種4,458枚で最新の銭貨は宣徳通宝である。これら中世の遺構は, 近接する小倉城跡との関連性が指摘されている。

東京都葛西城例[7]

　道路建設に伴う発掘調査により, 第83号井戸跡から検出されたものである。報告書によると58種4,771枚で最新の銭貨は宣徳通宝である。ただし, 一覧表中の末尾の淳元通宝 (初鋳年不明) とあるのは, 拓本を見ると漢通元宝 (初鋳948年) であり, 銭種は59となる。出土状態は, 井戸の底という特異なもので, そのため1緡の枚数など不明である。井戸の底に備蓄するはずはないし, 多分緊急事態に対応するための非常処置であったに相違ない。

京都府東塩小路例[8]

　社屋建設に伴う発掘調査中の出土である。左京八条三坊七町に当り, 中世には借上や土倉などが活躍した地域である。出土の状況は曲物に納められた備蓄銭2で, 30cmほど離れて発見された。精査結果によると, 65種, 総数31,415枚に上り, 最新の銭貨は至大通宝である。本例ではさし銭が丁寧に4段および5段に曲物に納められていた。これを順序よくとり出し, 枚数を算えているので, 1緡の枚数について, 重要な事例となっている。報告書には, 実に216緡の枚数が算えられているが, 97枚と倍の194枚を中心に, 分布が広がっている。

三重県斎宮例[9]

　第54次調査で, 備蓄古銭が発掘されている。遺構は70cm×45cm, 深さ30cmほどで,「底部の差銭には, 布目痕が付着しており, おそらく袋状のものに納められていたものと考えられる」という。出土した古銭は49種, 総数11,571枚で, 最新の銭貨は景定元宝 (1260年) である。1緡の枚数は, 97枚前後と報告されている。斎宮の末期を暗示しているようである。

広島県草戸千軒例[10]

　第29次および第35次に, それぞれ備蓄銭が出土している。第29次では遺構を伴わないようであるが, さし銭は棒状に錆付いているので, 箱に納められていたものと見られる。分離されていないが, 重量約19kgなので, 枚数は約5,000枚と推定される。さし銭は91〜98枚と観察されている。銭種は一部を除き不明であるが, 明銭は含まれていないようである。第35次では, 丸山焼の甕に入って発見され, 次のように報告されている。「このさし銭は130束あり, さらにこれが2〜10束を一塊とする19のまとまりに分かれていた。これらのまとまりは10束を一塊とするものが最も多く, 10束を一塊とするものについては周囲が藁紐で3箇所縛られた痕跡が見られた」。これらのさし銭は, 83〜107枚にわたりさまざまであるが, 97枚が最も多い。総数12,595枚で, 明銭は含まれていないようである。

3　六道銭の問題

　埋められた銭で事例の多いのは, いわゆる六道銭である。死者に財物を副葬することは古くから普遍的に認められるが, 中世には土葬も質素になり, 数枚の古銭が見られる程度である。火葬も多くなるが, 著しい差はない。「餓鬼草子」に見られるように, 遺棄されたこともあったのであろう。六道銭は, 俗に三途川の渡し賃と言われるが, このような考えと6枚という数が結びついたのは, 当初からのことではない。その広まり方やあり方も, 地域によって一様ではないらしい。茨城県屋代B例では墓壙297基中, 六道銭の認められたのは16基だけで, 寛永通宝は含まれていな

い。枚数は6枚1，それぞれ以下は15例である[11]。同奥谷例では土坑447基中，六道銭の認められたのは5例である。すべて渡来銭で，枚数は8・6・4・3・1それぞれ1例と非常に少ない[12]。

埼玉県お寺山例は，中世から近世にまたがるものであるが，土壙墓94基中六道銭は53例認められている。火葬墓は25基で六道銭の検出されたのは1例（紹聖元宝1）だけである。枚数は6枚より多いもの6例，6枚29例，6枚より少ないもの19例である[13]。岡山県城が端例は，中世から近世にまたがるものであるが，土葬・火葬墓計57基の調査が行なわれている。六道銭と認められるものは23例検出され，枚数は6枚より多いもの5例，6枚5例，6枚より少ないもの13例である。副葬品も豊富である[14]。六道銭は室町末葉から江戸初期には，6枚を中心に分布を示すようになるが，それ以下の場合は遺存状態が悪いか調査時のエラーと見るのは当らない[15]。6枚以上の場合もあり，皆無の場合も少なくないからである。遺跡ごとのあり方に，もっと注意する必要がある。このほか，埋められた銭貨には，経塚などに伴う例などがある。

4　おわりに

出土古銭の役割で，何よりも重要なのはその遺構などの年代の上限を示していることである。したがって複数出土した場合には，最も新しい銭貨を確定するのが勘要である。下限を考えるのではないから，私鋳銭か否かなどはあまり関係がない。備蓄古銭の調査実例から，省銭は中世から行なわれ，97枚を中心とすることが確実になっている。また，明銭を含まない備蓄銭の場合は，島銭・加工銭などを持っている。永楽銭を含んでいるような場合にはほとんど精銭である。つまり撰銭の対象となった銭貨がどのようなものであったか，自ずと判明するようである。報告書を見ていると，銭名の誤読は珍しくないし，天地逆に置いて，妙な読み方をしている事例もある。今後，正確な観察とともに，古銭発見地の発掘調査など，考古学の立場からの研究が深まることを期待して置きたい。

註
1）　根岸鎮衛『耳嚢』巻之七（岩波文庫）
2）　『近藤正斎全集』第2巻所収

3）　浪岡町教育委員会『浪岡城跡Ⅷ』1986
4）　岩手県文化振興事業団『笹間館跡発掘調査報告書』岩手文化振興事業団埋蔵文化財調査報告書第124集，1988
5）　湯沢町教育委員会『伝・泉福寺遺跡』1985
6）　植木　弘「嵐山町山根遺跡の調査」第16回遺跡発掘調査報告会要旨，1983
7）　葛西城址調査会『葛西城』1983
8）　京都文化財団『平安京左京八条三坊七町』京都文化博物館調査研究報告第1集，1988
9）　三重県教育委員会ほか「史跡斎宮跡」『斎宮跡調査事務所年報1984』1985
10）　広島県教育委員会『草戸千軒―第28・29次発掘調査概報―』1984
　　広島県教育委員会『草戸千軒―第35・36次発掘調査概報―』1988
11）　茨城県教育財団『竜ヶ崎ニュータウン内埋蔵文化財調査報告書17』茨城県教育財団文化財調査報告書第45集，1988
12）　茨城県教育財団『一般国道6号改築工事内埋蔵文化財調査報告書』茨城県教育財団文化財調査報告書第50集，1989
13）　鶴ヶ島町教育委員会ほか『お寺山遺跡』1985
14）　間壁葭子「倉敷市城が端遺跡」倉敷考古館研究集報，18，1984
15）　鈴木公雄「出土六道銭の枚数と墓の保存状態」『考古学の世界』1984

特集●中世を考古学する

対外との接触・交易

中世における海外諸国との関係・貿易はどんな状況にあっただろうか。元寇，日明貿易，日朝貿易から対外関係をさぐってみる

元寇と考古学／考古学からみた日明貿易／日本出土の朝鮮王朝陶磁

元寇と考古学

福岡市教育委員会
柳田純孝
（やなぎた・よしたか）

元寇防塁はそれぞれの地区によって構造や築造法が異なっており，郡・院・郷を単位とした割り当てを物語っている

1 元寇と碇石

鎌倉時代の二度の蒙古襲来を元寇といい，文永の役（1274）の後再度の来襲に備えて博多湾岸に築かれた石築地のことを元寇防塁と呼ぶ。ここでは，発掘調査の知見をもとに元寇防塁と「蒙古碇石」といわれる碇石を中心にその概要を述べる。

元寇防塁は，博多湾岸の西端にあたる今津から東の香椎まで20kmの長さに築かれた。今津は日向国と大隅国，今宿は豊前国，生の松原は肥後国，姪浜は肥前国，博多地区は筑前国と筑後国，箱崎は薩摩国，香椎は豊後国と九州の九国に2～3kmの長さを割り当てている。鎌倉幕府は，1276年（建治2）3月から半年間で完成させるため，国別に一斉に築造工事にあたるように命じたわけである。

元寇防塁がはじめて発掘されたのは1913年のことで，この時中山平次郎氏によって「元寇防塁」と仮称された用語が一般的に使用されている。防塁の構造が明らかにされたのは1968年からの福岡市教育委員会による生の松原，今津，西新，姪浜地区の発掘調査である。防塁にともなう遺物がないため，その構造や築造法の説明にとどめざるをえない。

2 防塁の構造

生の松原地区は石積みの幅が1.5mと狭く，裏込めに粘土を使用している。これに対し，今津地区では粘土はまったく見られない。石積みの高さは約3m，基底部の幅が3m，上端幅が2mの台形状に築いている。玄武岩と花崗岩で築いているのが特徴で，石材の種類によって構造が異なる。玄武岩の部分はすべて石積みで築いているが，花崗岩の部分は前後を石で積みあげ，中央部の下に砂を入れ，その上に配石して仕上げている。

姪浜地区は砂岩による石積みであるが，基底部の幅が4.0mと広い。西新地区は全面（海側）を幅1mほど石積みした後方の砂丘上に粘土を敷き，その上は粘土と砂の互層となっている。後面（陸側）は粘土を基盤とし，その上に石積みしている。基底部幅が3.4m，後面の粘土帯まで含めると4.7mと広く，この二和土の工法は土木工学的にも注目されている。このように，防塁はそれぞれの地区によって構造や築造法が異なった結果をもたらしている。

ところで，防塁の築造は国中平均に課せられている。「段別一寸」の原則に従い，所領に応じて長さを割り当てたのである。今津地区で花崗岩が

図1 今津地区の石材の接合部（左は花崗岩、右は玄武岩）

長さ4.0m、玄武岩が長さ7.3mといった具合に石材を異にした区間が隣接してつづいているのは、4.0mが所領14町2段分、7.3mが24町3段分を負担したことを示している。このような石材を異にした築造工事区間の長さと大隅国の「石築地役配符案」の負担の割合を対比してみると、おおむね郡・院・郷を単位として1〜数区間に分けて築造にあたったと考えられる。一国の中でもそれぞれの割り当てを決め、同時並行で工事を進めて隣接区に接合して仕上げている。

今津地区の復元された長さ200mの区間をみると、防塁は一直線ではなく曲がりくねってつづいているのは、このような分担工事の実態をしのばせるものである。

3 築造後の修理

築造後は『竹崎季長絵詞』に描かれているように分担地区の警備（異国警固番役）や防塁の修理などにあたっており、生の松原地区でその様子を知ることができる。防塁の前のもう一列の石積みがそれである。

石積みの高さは2段、長さが43mつづいている。石積みの基底部は防塁が40cmほど埋まった砂丘上にあり、防塁を保護するため後から作られたことがわかる。これは、修理に関する史料の中の「高」にあたると考えられている。これに対し、「裏加佐」にあたると思われるのが後面の配石である。防塁後方の傾斜面に配石して登りやすくしている。

図2 防塁の断面（上は今津地区、下は西新地区）

石築地役は、防塁の築造や修理にとどまらず楯・籏、征矢、兵船など各種の負担におよんでいる。多々良川の河口に乱杭・切立を打ち込み、船の侵入に備えたのもそのひとつである。このような蒙古に対する警固体制は、弘安の役の後も長くつづく。鎌倉幕府が滅んだあと、南北朝を経て室町時代の初期まで60年余りも史料をたどることができる。

4 居館址

福岡市内の発掘調査で元寇と関連する遺構が検出されている。そのひとつは、南区柏原の方形に区画された居館址である。75×40m、120×70mの二重の濠に囲まれた中に掘立柱建物が配置されており、近くには水田址もある。これは、正応元年（1288）弘安の役で戦死した薩摩国の御家人渋谷有重の子に与えられた筑前国早良郡比伊郷の田畠、屋敷に相当すると考えられている。

今ひとつは、1990年に発掘調査された早良区清末遺跡である。圃場整備事業地内から検出された36×46m以上の方形の環濠内に配置された10棟以上の建物や井戸は、正応2年（1289）弘安の役

77

の勲功で肥前国の田畠などの配分を受けた早良郡の地頭榊定禅の居館址にあたると考えられる。榊定禅は正和5年（1316）に筑前国が分担していた博多前浜の防塁の修理を命じられるなど，早良郡を活動の拠点としていた御家人である。

このほか，1991年に調査された博多区古門戸町の博多第68次地点では，最大幅が6.5m，東西方向に長さ80mほどの石積みが発掘されている。防塁のような整然とした石積みではなく，海側に急傾斜した砂丘上にみられる配石は護岸の捨石ではないかと考えられ，13世紀後半の海岸を示すものであろう。

5　蒙古碇石

1891年に「蒙古碇石」として紹介されて以来，博多湾を中心とした北部九州の沿岸一帯から引揚げられた定型化した碇石がある。長さが2～3mの角柱状で，中央部が広く，両端がやや狭い。中央部に広狭2つの枠帯と溝がある。筥崎宮や櫛田神社境内などに展示されているのがそれである。

博多港の修築工事で1931年の2個をはじめ，博多港出土と推定されるものを含めると17個になる。

博多港以外では聖福寺山門前，旧大乗寺跡地，沖の浜などの現在陸地となっている地点のほか，志賀島沖，唐泊沖からも引揚げられている。定型化した大型品のほか，長さ1mほどの小型品もある。現在，福岡県内では新宮町相の島を含め28個ある。

佐賀県唐津市の湊神社，神集島の住吉神社，呼子町可部島の田島神社のほか伊万里湾の今福沖を含め5個が確認されている。

長崎県では平戸島の志々岐宮の浦，壱岐の芦辺町瀬戸浦をはじめ4個，五島列島の小値賀島の6個など9個のほか，鷹島からは1980年の海底調査以来16個の碇石が引揚げられている。

鷹島の碇石には2種類ある。長さ1mほどの小型のものと2m前後の定型化した大型品である。『竹崎季長絵詞』には和船や元の小船に描かれた小型の碇と大船には碇を巻揚げる轆轤があり，大小2種類の碇石はこれに相当する。鷹島では「至元14年9月造」（1277）の管軍総把印をはじめ陶磁器類などが出土しており，各地で蒙古碇石や元寇碇石と呼ばれている碇石が，蒙古襲来と関連したものであることが確かなものとなった。

しかし，そのすべてが蒙古襲来と関係したものとはいえないようである。中国福建省泉州湾や奄美大島の定型化した碇石がそれを示唆している。

1974年夏泉州から発掘された沈没船は海外交通史博物館に展示されている。復元された沈没船は全長約34.55m，排水量が約374トンで，12世紀ころの貿易商船と考えられている。陶磁器類とともに「丘碇水記」の木簡が出土しており，碇を使用したことが検証されたわけである。

翌年，この近くから全長232cm，中央部に枠帯・溝をもつ定型化した碇石が発見されていたことが1983年に報告された。博多湾周辺の碇石と全く同一のものである。さらに，1988年には288cmと266cmの2個の碇石が発見され，いずれも南宋の時期と考えられている。12～13世紀ころの貿易船は定型化した碇石を装備していたのである。

古代の迎賓館といわれる大宰府鴻臚館の前身・筑紫館は，7世紀以降の文献にみえ，新羅や唐の使節や唐船が来航しており，中国商船は9世紀以降数が増えている。

中国商船の寄港地として，842年の肥苛値嘉嶋（小値賀島），945年の松浦郡柏嶋（神集島），1072年の松浦郡壁嶋（可部島）などの名がみえ，いずれも定型化した碇石が発見されているのは偶然ではない。蒙古碇石とするより，これら中国商船の碇と考えるのが自然である。11世紀以降博多遺跡群では中国陶磁器類が大量に出土しているが，1931年博多港から碇石とともに「張綱」銘の天目碗や古銭が引揚げられたというのもこれを裏づけている。

一方，奄美大島でも定型化した碇石が確認されている。竜郷町秋名の碇石は全長が326cmとこれまで最大とされていた可部島の碇石より大きい。奄美大島は遣唐使船の南路にあたり，碇石の出土は遣唐使船との関係を示唆しているのではないかと思われる。当時の日本には轆轤を装備するような大型船はなく，新羅船や中国商船が遣唐使船のモデルとなっていたと考えられているからである。

このように，博多湾を中心として定型化した碇石には年代幅があることから，蒙古と時期を限定せず，外洋を航海した船が一般的に装備していたものと考えた方がよさそうである。

考古学からみた日明貿易

同志社大学講師
■ 鈴木重治
（すずき・しげはる）

日明貿易による輸入陶磁器は主に15世紀の勘合貿易と琉球中継貿易
による一群と，16世紀～17世紀初の青花に代表される一群とである

1　課題の設定

　室町時代の勘合貿易をさして，日明貿易ということがある。狭義の日明貿易であって，15世紀初頭から16世紀初頭までの勘合船による朝貢貿易をさしている。これに対して17世紀前半の明代末期までの私貿易を含めた日明間交易の全体をさすのが広義の日明貿易である。ここでは，14世紀の末から17世紀中葉までの日明貿易のうち，考古学的に重視されてよい遺構・遺物の中から，文化史的にも注目される特徴的な資料を通して，その前後の差を明確に捉えることに課題をおくことにする。具体的には，東支那海を渡って来た明人にかかわる石塔や墓碑をみた上で，日明貿易によって日本に持ち込まれて列島内の各地で普遍的に使用された遺物のうち，大量に出土している陶磁器と渡来銭にしぼって検討しよう。

2　「唐船塔」と明人墓

　博多の筥崎宮の境内には，謡曲「唐船」にちなんだ唐船塔がある。14世紀後半から15世紀前半にかけて，倭寇によって捕えられた被虜人を供養するための石塔である。謡曲「唐船」には，九州の箱崎殿や倭寇によって日本に抑留された中国人の祖慶官人が登場する。明州（寧波）出身の祖慶が，彼を迎えに来た二人の子供によって「数の宝」を代償に，ようやく帰国するという筋の話である。

　この種の史料はほかにもある。応永27年(1420)朝鮮からの回礼使として日本に来た宋希璟は，その紀行集『老松堂日本行録』の中で，対馬の西泊にいた中国江南の台州小旗出身の被虜人について記録している。被虜人については，応安3年(1370)懐良親王が男女70余人を明国に送還したことや，応永の外寇（1419）で対馬を攻撃した朝鮮軍が，抑留されていた明国からの被虜人131人を救出したことも知られている。

　このような状況下での日明貿易にとっては，被虜人の扱いが重要な課題となっていたことは明ら

かである。このことは，明国の海禁政策の中での制約を受けつつ国交を開いた義満が，開始された日明貿易の頭初から被虜人の返還をおこなったことでもうかがえる。『善隣国宝記』によると，義満は応永8年（1401）にいち早く，肥前の豪商肥富を正使の禅僧祖阿に副えて，方物の金千両，馬十疋，扇百本，屏風三双，鎧一領，剣十腰，刀一柄，硯筥一合などとともに漂寄の者幾許人を送還している。1392年に南北朝の合一を実現させて，公武両体制の頂点に立った義満だけに，支配の正統性を国際的に裏づけるためにも，朝貢使節に同行させた商人団による交易を円滑に進める上でも，中国側の要求である被虜人の返還を配慮したことになる。したがって，15世紀の日明貿易での被虜人問題は，重要課題の一つでもあり，日本に抑留中に死亡した明人の供養塔や墓地の考古学的な検討も，博多遺跡群をはじめ九州の発掘調査の検討課題でもある。

　一方，日明貿易の全体を通してみると，15世紀中葉以降の沖縄を舞台とする中継貿易や，16世紀から17世紀初頭の私貿易にかかわった明人海商たちによって盛行した後半期の交易も重視されてよい。勘合貿易の後半に至り，幕府船にかわって大内船が勘合符を独占するという政治的変化に伴って明人貿易商がとみに活躍することになるが，これには明朝の衰退も関与していて大航海時代の余波を受けた，国際的な通貨としての銀の価格差が大きく影響している[1]。遺跡によっても裏づけられつつある生野銀山などの各地の鉱山開発がこの時期に相当する。明人貿易商の日本への期待が銀であったことを示す資料は多いが，当面のテーマでないので言及をさけ，遺跡としての明人墓について触れておこう。

　九州各地に残る明の貿易商人の墓地のうち，5世紀代の大陸系遺物群を出土したことで知られる江田船山古墳のある玉名市内の郭公墓は，土地の人達によって「しいかんさんの墓」とか「唐人墓」とか呼ばれているが，肥後四位官郭公墓とし

て玉名市指定の重要文化財となっている墓である。墓碑には，皇明の二字の下に3行にわたって「元和己未年仲秋吉旦，考濱沂郭公墓，海澄県三都男国珍栄立」とある。副葬品と考えられた出土の蓮弁文青磁碗も市指定の文化財として保存されている[2]。玉名市内には，郭公墓以外にも日明貿易に活躍した明人の振倉謝公墓も検証されている。また，近くの菊池川の川床遺跡からは多量の中国産輸入陶磁器が出土しており，高麗や李朝の陶磁器のほか，安南産の陶片なども採集されていることは注目してよい。川床遺跡の近くには，高瀬津とともに伊倉の丹倍津と呼ばれた良港があったとされ，付近に対明貿易の一つの基地の存在が考えられている。

3 輸入陶磁器と渡来銭

日本列島で出土する輸入陶磁器のうち，多量に出土しているのは，12世紀後半から14世紀前半にかけての青磁や白磁の一群と，16世紀から17世紀初頭にかけての青花（染付）によって代表される中国産の一群とである。この間にあって，国際的には明ギャップと呼ばれて，東南アジアなどの遺跡からの出土例も少ないとされる[3]15世紀代の中国産の貿易陶磁は，列島内でもその前後の時期と比較してはるかに少ないが，徐々に出土例が報告されつつある[4]。前後の時期の資料を概観した上で，特徴的に捉えておこう。

14世紀の前半までの資料のうち，全国的にみて出土量の多いものは次のような資料である。櫛描文青磁碗，鎬手蓮弁文青磁碗，双魚文盤，玉縁口縁白磁碗，白磁口禿皿，天目碗を主体に影青の梅瓶，褐釉壺，黄釉鉄絵や緑釉の盤などから成る中国の江南で生産された陶磁器の一群である。つまり，同安窯系，龍泉窯系，泉州普江窯系諸窯の製品と，建窯や景徳鎮諸窯の製品などによって占められている。これらは，平安京や鎌倉などの中世都市はもとより，東北地方から九州・沖縄までの広範囲の遺跡から出土していて，初期輸入陶磁と呼ばれる古代的な定窯系白磁，越州窯系青磁，唐三彩，長沙銅官窯系の製品などの資料と比較する

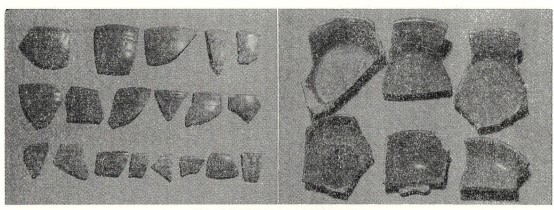

図1　沖縄県御物城出土の15世紀代の青磁

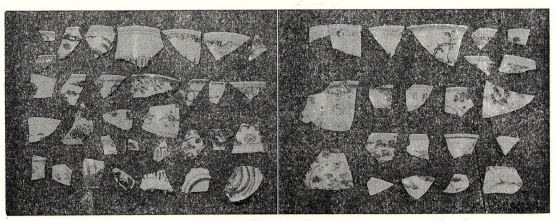

図2　沖縄県御物城出土の15世紀代の青花

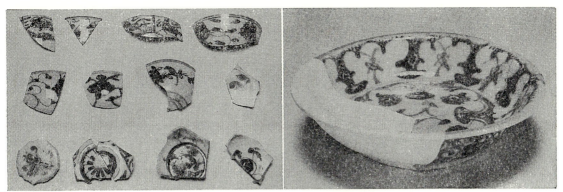

図3 京都市相国寺旧境内出土の15〜16世紀の青花碗・皿

と，受容層の差を示しながら圧倒的な出土量を誇っている。

　一方，16世紀以降の一群は，それ以前と大きく違い，急激に青磁を減少させている。白磁も端反りの皿などに命脈をとどめるものの，圧倒的な量の染付の碗・皿と，上絵に特徴のある赤絵の製品の前には影もない程である。染付の碗・皿についてみると，万頭心や蓮子碗といった形態に特徴を示しながら，草花文，荒磯文，人物文，蕉葉文，飛馬文などと変化に富み，ヨーロッパでカラックウェアーとかスワトーウェアと呼ばれて世界各地に広く受け入れられた芙蓉手の皿や鉢などの変遷のたどれる一群がある。これらは，全国各地の中世城館や，近世初頭の城下町に加えて，近世都市遺跡などから大量に出土している。北海道の上之国勝山館や青森の浪岡城，福井の一乗谷朝倉氏遺跡，和歌山の根来寺坊院跡，大坂城三ノ丸跡，長崎の平戸商館跡，鹿児島の一乗院跡，沖縄の砂川元島遺跡などの出土資料がよく知られている。日明貿易の後半期に，景徳鎮などから明人の貿易商らによって持ち込まれた一群である。

　ここで問題となるのが，日明貿易前半期の15世紀代の輸入陶磁器である。勘合貿易によって天龍寺船で輸入されたとみられる天龍寺青磁の花生などはよく知られているが，出土資料となると多くはないのが実状である。青磁だけでなく染付にしても，元様式のあとを受けた明初の製品となると極端に少ない。白磁についても同様のことが指摘される。このような中にあって，とりわけて，古くから注目されているのが，紀淡海峡の友ヶ島沖の海底から大量に採集されている青磁碗を中心とする一群[5]と，山梨県下の新巻本村から常滑の甕に納められた状態で出土した染付の碗・皿を中心とする一群である[6]。沖縄本島をはじめ琉球諸島

の諸遺跡や，平安京とその周辺および九州などの各地からもその出土が知られるようになっているが，いまだにまとまりのある例は少ない。つまり，青磁についてみると，口縁直下に雷文帯をもつ一群の碗や，剣頭文に近い線刻や線描きの蓮弁文を外体部にもち，直口ぎみのやや小形化した一群の碗などである。光沢のある黄緑色の釉を厚くかけた稜花皿もこの時期の青磁として特徴的である。白磁では，白濁のある釉を軟質の陶胎に近い胎土にかけた一群を含めて，重ね焼きのために畳付に数ヵ所のえぐりを入れた皿や坏などがある。染付の碗・皿では，端反り形態の下半部に丸味をもつ一群で，見込に玉取獅子や十字花文の文様を呉須で画いたものなどが特徴的である。これらの生産地については，線描蓮弁文青磁碗が広東省の恵陽白馬窯[7]や新庵三村窯の製品であることが知られるほか，景徳鎮産の染付，徳化窯など福建の白磁が搬入されている。

　15世紀代の輸入陶磁器については，中国産以外の製品にも注意する必要がある。対馬，壱岐を含めた九州での出土例が多い朝鮮の陶磁と，沖縄に多く出土し，九州や本州でも知られている安南やタイの陶磁である。博多で検出されたタイのスワンカローク製の双耳瓶と極似する例は，吐噶喇列島の悪石島でも知られている。堺環濠都市遺跡出土のタイ陶磁を含めて，琉球王国の中継貿易による資料であろうが，これらを含めて15世紀代の輸入陶磁器には，多くの問題が残されている。

　日明貿易によって輸入された銅銭も，注目してよい考古資料である。列島内の各地から出土するこれらの銅銭のうち，中国製の銭貨が圧倒的に多いのは当然であるが，陶磁器と同様に朝鮮製や安南，琉球の銭貨が少量とはいえ含まれている点は注目してよい。つまり，東アジアの交易圏で流通

81

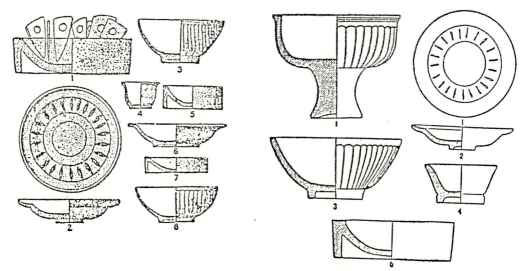

図4　15世紀の明代窯址から出土した「線描蓮弁文青磁碗」など
（左：広東省恵陽新庵三村窯，右：広東省恵陽白馬山古窯
出土資料）（註7文献より）

した貨幣としてだけでなく，輸入陶磁器と同様に，中継貿易がおこなわれたことをうかがわせる点で重視される。ちなみに，日明間の勘合貿易は19次までが知られているが，琉球王国が派遣した朝貢貿易船は171次に及んでいて，中継貿易を受け入れた明国側の状況をよく示している。

　日本の各地で検出される渡来銭のうち，埋納状態がよく残り，しかも量的にまとまった枚数の銭貨を出土することで備蓄銭と呼ばれている一群の銅銭についてみると，銭種区分を目安に，2つの類型があることがわかる。そのうちの新しい類型に属する一群が，広義の日明貿易による渡来銭である。

　つまり，京都の祇園で出土した[8]東播の魚住窯産の甕に埋められていた大量の銅銭や，平安京左京八条三坊七町で出土した曲げ物に納められていた例[9]は，嘉定通宝や至大通宝などの南宋や元の銭貨を下限とする一群であり，浪岡城，笹間城，葛西城跡，秋山遺跡などの東北地方から関東地方の例や山陰地方の宮尾遺跡の例などは，それぞれ朝鮮通宝，洪武通宝，永楽通宝，宣徳通宝などの明代の通貨を下限としている一群である。つまり備蓄銭には，元代までの通貨を納めた一群と，永楽通宝によって代表される大量の明代通貨を納めた一群の2つの類型が認められる。

　これらの埋納銭のうち，浪岡城の例がそうであるように，無文銭がかなりの部分を占めていて，私鋳銭の多いことが指摘されていることは注目してよい。貨幣経済の展開の中で，京銭と呼ばれて

南京周辺で鋳造されたとする私鋳銭が，日明貿易によって大量に持ち込まれ，それらが日本で鋳造された私鋳銭とともに，撰銭の対象となっていることは，日明貿易を通してようやく東アジア交易圏の中に位置づけられた日本列島が，すでに大航海時代の余波をまともに受けつつある情況をうかがわせている。

　大量に出土しているとはいえ，陶磁器や渡来銭は日明貿易によってもたらされた交易品のうちの一部である。輸入されたほかの文物の検討と合せて，日本からの輸出品の中国での考古学的検討も残された課題といえよう。

註
1) 濱下武志「銀の流れでつながれた世界」世界の歴史，67，1990
2) 玉名市教育委員会『玉名市の文化財　総集編』1974
3) 三上次男『陶磁の道』岩波新書724，1969
4) 鈴木重治「京都出土の中国産輸入陶磁器―14C・15Cを中心に―」貿易陶磁研究，1，1981
5) 西山要一『紀淡海底採集の中国陶磁器』北村文庫会，1975
6) 小野正敏「山梨県東八代郡一宮町新巻本村出土の陶磁器」貿易陶磁研究，1，1981
7) 広東省文物管理委員会ほか「広東恵陽新庵三村古瓷窯発掘簡報」考古，1962―4，曽広億「広東恵陽白馬山古瓷窯調査記」考古，1962―8。なお広東省博物館には白馬窯址出土資料が陳列されている。
8) 柴田　実「祇園町古銭出土地」『京都府史蹟名勝天然記念物調査報告』第13冊所収，1932
9) 京都文化財団『平安京左京八条三坊七町―京都市下京区東塩小路町―』1988

日本出土の朝鮮王朝陶磁

京都市埋蔵文化財研究所
■ 堀内明博
（ほりうち・あきひろ）

朝鮮王朝陶磁の出土は，施釉陶器が16世紀代の各地の遺跡で
普遍的にみられ，17世紀前後に至って白磁が急速に盛行する

近年日本各地の中世城館を始め，戦国期から近世の城下町など都市遺跡の調査の進展に伴い，膨大な貿易陶磁の出土例の中から朝鮮王朝陶磁器の事例の報告がつとに知られるようになってきた。それまでの朝鮮王朝磁磁器の主要な研究動向は，林屋晴三氏に代表される茶道史の立場からの陶磁史が中心として展開されてきた[1]。1970年代後半に入ると，韓国国内での京畿道広州の中央官窯の発掘調査や朝鮮王朝官職内の沙器における文献考証の進展に伴い，鄭良謨氏を中心として生産地側の編年と体系化が進められた[2]。一方，日本国内でも，ほぼ時期を同じくして考古学の分野にも新たな動向が見られるようになった。1982年に九州大学の西谷正氏による九州・沖縄を中心とした高麗・朝鮮王朝陶磁に関する編年と分布・需要層に関する一連の研究[3]がまずあげられる。その後1984年に至って日本各地の遺跡出土の高麗・朝鮮王朝陶磁器の実体を把握するために貿易陶磁研究会により「日本出土の高麗・李朝陶磁」のシンポジウムが開催された[4]。それは各地の報告にとどまらず韓国国内の窯跡の調査に基づく研究も報告され，初めて生産地と消費遺跡出土の朝鮮陶磁に関する総合的な討論がなされた。その後1990年に茶道資料館の開館10周年記念に際し，同資料館と関西近世考古学研究会共催による「遺跡出土の朝鮮王朝陶磁—名碗と考古学—」と題する特別展とシンポジウムが開催された[5]。席上では前回の貿易研究会の成果を踏まえ，さらに全国規模で遺跡出土の朝鮮王朝陶磁器の資料集成を行ない，その編年と出土傾向を体系づけるとともに，伝世品としての高麗茶碗と韓国国内での主要な窯跡出土の同時期の資料をもあわせて総合的に朝鮮王朝陶磁に関する研究を深めるものであった。

今回扱う朝鮮王朝陶磁に関する概要は，この成果によることが多いが，あわせて今後の課題についてもふれてみたい。なお，ここで扱う朝鮮王朝陶磁の時期としては，14世紀末から17世紀前半までの朝鮮前期を主に対象として資料収集を行なっ

たため，その範囲内にとどめたことから，朝鮮王朝中期・後期についてはふれるまでには至っていない。

1 朝鮮王朝陶磁の特徴

遺跡から出土する半島産と考えられる陶磁器には，大きく分けて磁器と陶器がある。磁器には，高麗から引き継いだ高麗青磁と京畿道広州郡の中央官窯製品を代表する白磁がある。陶器には従来から三島と総称されている粉青沙器（粉粧灰青沙器）と現在名称が付け難い灰釉や長石釉を施した文様装飾もない陶胎質の施釉陶器がある[6]。

青磁は，高麗末期の青磁と異なるものが生産地において，広州の一部の窯跡から発見されるが出土量も少なく，器種も限られ，王朝期においては青磁はすでに特殊なものとなっている。国内出土のものの中で博多遺跡群中に同時期に該当するものが見られるが，現在の所広州産と考えられるものは抽出できない。

白磁には，文様のない素文のものや，白磁青花，鉄砂や辰砂で文様を描いたものなどが知られる。遺跡出土のものは，圧倒的多数が素文のものでしかも広州官窯産と考えられるものもわずかにすぎず，その大部分は地方窯の製品と考えられる。現在の所国内の遺跡からは白磁青花の出土例は知られていない。白磁は国内の16世紀後半から17世紀にかけての主要な遺跡から出土するが，とくに堺・大坂・京都などの織豊期の大都市からの出土が目立つ。器種は，碗・丸皿・縁付き皿・壺が大部分を占める。この他特殊なものとして堺環濠都市遺跡出土の白磁牡丹文皿（白磁象嵌文か）の出土が知られる。

磁器にはこのほか，鉄地，辰砂地，飴釉，白磁青磁があるが，出土例はほとんど知られない。

粉青沙器は，粉粧灰青沙器の略称であり，白化粧をすることが基準となっている。その方法として，器表の広い部分を白泥で覆うものと，器表の特定部分に白土を埋めて装飾するものとがある。

83

粉青沙器には，装飾技法から次のようなものがあげられる。

まず，一般に彫三島と呼ばれる象嵌があり，それには線象嵌と画象嵌とに区別される。次いで，スタンプの形押しにより文様を施した後白土を底に埋めて文様を表現した印花のものがある。それには暦手といわれる雨垂れのような文様を並べた連簾文と，花三島といわれる菊花を繋いだ菊花文とがある。また，素地に白泥を塗った白地と呼ばれるものがある。白地にはさらに調整や施文から白泥を塗った刷毛目の跡を明瞭にとどめたものを刷毛目，俗に彫刷毛目と呼ばれる文様を線彫りした線刻，文様を線彫りして文様の外劃部の白泥を搔落し文様を浮き彫り風にした搔落し，鉄絵で文様を描いた鉄絵と呼ばれるものがある。鉄絵は，俗に鶏龍山とも呼ばれる。この他白泥をズブ掛けした粉引きと呼ばれるものや粉引きとは異なり，刷毛目がなく器表の一部に白泥をズブ掛けした無地刷毛目と呼ばれるものもある。

粉青沙器は，遺跡からの出土例として，博多・堺に代表される港湾都市の内の15〜16世紀前半の遺跡から顕著に見られ，その器種として碗・皿ばかりでなく瓶・徳利なども知られる。

施釉陶器は，白化粧や文様装飾もない陶器であり，上述の粉青沙器とは異なるが，釉調・成形技法・器形の特徴など粉青沙器と類似点が少なからず認められる。この種のものが今日までの朝鮮王朝陶磁の中で重要な位置を占めたのは，釉色・釉調・器形・高台作りに特徴が見られ，高麗茶碗として取り立てられてきたことによる。井戸，雨漏，堅手，呉器手，熊川，蕎麦，斗々屋，柿の蔕，玉子手などがこの範疇に含まれることになる。国内各地の16世紀から17世紀前半の遺跡から単に灰釉などを施した施釉陶器の碗・皿・瓶の三種類が主要に見られ，遺跡出土の朝鮮王朝陶磁器の主要な部分を占める。この内高麗茶碗としての蕎麦・斗々屋に類似したものが一乗谷朝倉遺跡を初めとする各遺跡群から出土する以外，井戸などに類似したものはほとんど知られない。

2　年代について

国内各地の遺跡ごとの朝鮮王朝陶磁の編年的推移をたどることは，ごく一部の遺跡例を除いて可能性が少ないといわざるをえない。また各遺跡出土の王朝陶磁の出土比率を見ると，比較的量が多

いといわれる一乗谷朝倉遺跡や博多遺跡群などでも全出土量の3％くらいの数値にとどまり，これ以外の遺跡では数十片にも満たないのが一般的である。また量的に一括資料として王朝陶磁を扱えるものは16世紀後半から17世紀前半に限られる。このため朝鮮王朝陶磁の編年にあたり，その軸として紀年銘資料と共伴するものや文献資料から遺跡の存続年代が限定される資料を基に陶磁器の年代を組立てることとした。その結果，それぞれの時代の単位ごとに組成に特徴が認められ，王朝陶磁の器種ごとの分布にも共通する様相が見られる。以下，14世紀末から17世紀前半に至る王朝陶磁器の前期を4時期にわけて編年を試みた。

Ⅰ期（14世紀末〜16世紀初頭）

器種組成の特徴として，象嵌青磁碗・皿・瓶，粉青沙器印花文碗・皿・瓶など両者とも碗・皿・瓶の三種で構成されていることである。白磁・施釉陶器の出土はほとんど認められない。象嵌青磁碗と粉青沙器碗の特徴としては，低い台高台を有し内弯するやや浅いものから，やや高い台高台を有し口縁がやや外反する深いものへと移行しているのが認められる。文様は印花文を内外面密に配し，胎土目積みの窯積め技法を用いている。この内注目されるものに，博多築港線関係遺跡第3次調査出土の「興」銘粉青沙器象嵌三島手碗と堺環濠都市遺跡出土の「長興庫」銘粉青沙器印花文碗があげられる。この長興庫とは朝鮮王朝の宮中で使用される陶磁器を諸道から進行させ，それを保管した倉庫を示す官司銘で，粉青沙器の需要と供給の関係を知るうえで貴重な資料と言えるものであるが，このように王朝に関連するものがなぜ搬入されたかは重要な課題と言えよう。

主要な遺跡としては，博多・堺などの国際貿易港を初めとして，尾道・草戸千軒などの瀬戸内湾岸の港湾や大宰府・京都の都市遺跡と寺院などである。王朝陶磁の編年では白磁の完成洗練とともに粉青沙器の発展段階に入るが，国内では白磁がほとんど搬入されていない。

Ⅱ期（16世紀前半〜後半）

この時期は前期と後期の小期に分けられる。前期の器種の組成は，粉青沙器連簾文・雨滴文の碗・皿が主体となり，象嵌青磁は消滅の傾向にある。器形の特徴としてⅠ期のものよりさらに高台が高くなり，口縁も端反りの深い碗となり，砂積み技法のものが認められる。胎土目積みの白磁や

Ⅲ期(16世紀末〜17世紀初)の朝鮮王朝陶磁

1〜6豊臣前期大坂城出土(1,3〜6大手前4丁目地点NW87-20,88-1,89-1次調査<1施釉陶器,3〜6白磁>,2久宝寺町2丁目地点NW90-7次調査<施釉陶器>),7〜11京都出土(7〜10左京一条三坊二町京都府庁内地点<7粉青沙器彫三島,8〜10白磁>11室町殿<施釉陶器>),12〜15堺環濠都市遺跡(12大町西二丁目地点<粉青沙器彫三島>,13甲斐町西二丁目地点<施釉陶器>14・15同<白磁>)

施釉陶器があるが, 出現期と考えられ出土例は限られている。主要な遺跡として, 主要な戦国城館とともに近江などを含めた畿内でも出土が増加しはじめる。

後期に至ると器種の組成は, 粉青沙器が衰退減少する反面, 施釉陶器が半数以上を占めるようになり, 白磁も増加する傾向にある。施釉陶器には碗・皿類があり, その中には蕎麦・斗々屋に類似した器形も見られ, それとともにしっかりした高い台高台を持つ一群も見られる。また内面に同心文を有する徳利形瓶や口縁が玉縁状あるいは鐔状を呈する鉢なども見られる例が多い。白磁には碗・皿がある。碗には,やや高い逆台形を呈した高台に口縁が端反りで深い器形であり, 胎土目積みの技法を用いるものと細長い長方形を呈する高台で砂目積み技法のものとがある。さらに細長い長方形を呈する高台に口縁が外側に開き, 内底面に大きな円刻内に4ヵ所の砂目が見られるものもある。最近京都市内の遺跡から堺環濠都市遺跡出土の粉青沙器彫三島碗と同様のものが完形に近い状態で出土し, 新資料として注目される[7]。遺跡としては前期のものに加えて織豊期の城館, 北海道

85

勝山館・青森県浪岡城と全国的な広がりが見られる。このように粉青沙器の変容と消滅する反面，施釉陶器が盛行する時期といえよう。

Ⅲ期（16世紀末～17世紀初頭）

器種組成は白磁が半数以上を占め，次いで施釉陶器であり，粉青沙器の印花文や刷毛目のものはわずかにみられるに過ぎない。白磁には，碗・丸皿・縁付き皿・壺などがある。碗の器形の特徴は，細くて高い高台に口縁が端反りとなる丸みのある深いもの，逆台形のやや低い高台に口縁がわずかに外に開いて端反りになるもの，口縁が直線的に開くものなど3種類に大別できる。碗の内底面には，円刻のあるものとないものの両者が見られる。皿の特徴は，内弯するもの，口縁に稜のあるもの，口縁が緩やかに開く平碗と称するもの，口縁が屈曲に端反りになるものなどがある。高台にも，細長い台形，低い逆台形，三角形を呈するものがある。内底面には円刻のあるものや凹線だけのものがあり，そのほとんどには砂目積みの痕跡が認められる。このように白磁の碗皿だけでも器形にかなりのバリエーションがみられる。施釉陶器には，碗・皿・徳利・瓶などがあるが，碗皿は減少の傾向にある。碗は，Ⅱ期の後半での一乗谷朝倉遺跡出土の口縁に稜のある特徴的なものが少なくなり，外側に開くものが主要となる。Ⅱ期の全国的な広がりから，遺跡数は減少し，西日本の内とくに堺環濠都市，大坂城，京都の主要都市遺跡での出土が激増する傾向にある。

Ⅳ期（17世紀前半）

器種組成の特徴として，白磁が大部分を占め施釉陶器の出土が激減する傾向にある。白磁には碗・皿が中心となる。碗の特徴として，Ⅲ期と共通するもの以外に，高台が高く内反りとなり口縁がほぼ真直に立ち上がる深い器形のものが新たに認められる。内底面には円刻がなく，細長い砂目積みの痕跡が3ヵ所認められ，釉調も種々のものが見られる。皿にも溝縁皿が盛行するようになる。Ⅳ期に新たに見られるようになった器形の内高麗茶碗の中の堅手・呉器茶碗と共通するものも見られる。遺跡数も減少する傾向にあり，江戸城加賀藩邸や大聖寺藩邸を含んだ東京大学本郷構内遺跡，名古屋城三の丸遺跡，京都など国内の主要都市遺跡でも限られる傾向が見られる。

3　おわりに

朝鮮王朝陶磁の遺跡出土の状況を各時期ごとに見てきたが，その特徴をまとめると，Ⅰ期の高麗青磁と粉青沙器の時期，Ⅱ期の粉青沙器刷毛目と施釉陶器の時期，Ⅲ期の白磁の盛行，Ⅳ期の白磁の変容と推移している。とくに従来王朝陶磁の編年に取り上げられることが少なかった施釉陶器が16世紀代の日本各地の遺跡で普遍的に見られ，しかも碗皿瓶の3種が基本の器形となること，王朝陶磁を代表する白磁が各時期平均して見られるのではなく，17世紀前後の遺跡に爆発的に盛行しその出土傾向が偏向することなど，王朝陶磁の需要形態が各時期ごとに変化する様が読み取れる。

また伝世する高麗茶碗と共通する特徴を持つものが遺跡から意外と少ないことも指摘できる。このような王朝陶磁の需要実態は，単に国内における社会的な情勢にとどまらず，中国・朝鮮半島・日本を含めた広域な流通構造との関連が予想される。また半島内における生産と需要の関係の解明が課題となるが，近年珍島龍蔵城[8]を初め半島各地の山城で高麗末から朝鮮王朝期の陶磁器の出土が知られ，資料が増え明らかになりつつある。

小稿を記するに際し，関西考古学研究会の皆様から有益なご教示をいただいた。文末をかりて御礼申し上げます。

註

1) 林屋晴三「高麗茶碗」『世界陶磁全集19　李朝』小学館，1980

2) 鄭良謨「李朝陶磁の編年」『世界陶磁全集19　李朝』小学館，1980

3) 西谷　正「九州・沖縄出土の朝鮮産陶磁器に関する予察」『九州文化史研究所紀要』1983

4) 日本貿易陶磁研究会編『貿易陶磁研究』No. 5，日本貿易陶磁研究会，1985

5) 茶道資料館・関西近世考古学研究会『遺跡出土の朝鮮王朝陶磁―名碗と考古学―』1990

6) ここでの施釉陶器とは従来雑釉陶器と称されていたもので，粉青沙器とは異なる灰釉を施した陶胎質のものをいう。現在この朝鮮王朝陶器についての適切な表現が使われていないためにここでは便宜的に施釉陶と表記した。以下施釉陶とはこのことを示す。

7) 引原茂治「平安京左京一条三坊二町・西洞院大路発掘調査概要」『京都府遺跡調査概報』第45冊―2，(財)京都府埋蔵文化財調査研究センター，1991

8) 『珍島龍蔵城』木浦大学校博物館学術叢書第18冊，1990

● 最近の発掘から

5世紀初頭の帆立貝式古墳──東京都野毛大塚古墳

寺田 良喜 世田谷区教育委員会

1 古墳の位置

野毛大塚古墳は東京都世田谷区野毛1丁目25番の玉川野毛町公園内に所在する。地理的には，多摩川下流域左岸の武蔵野段丘と呼ばれる上位の河岸段丘面上に立地し，総数22基以上からなる野毛古墳群の盟主墳として知られている。また，隣接する大田区の田園調布古墳群とあわせて田園調布・野毛古墳群を形成している。

古墳は多摩川に向かって南西に張り出した標高約33mの舌状台地の基部に位置している。

2 調査小史

1897（明治30）年に地元の農民が後円部墳頂を開墾中に石棺が発見され，石製模造品，甲冑，刀剣類，玉類など，多量の副葬品が出土した。また，1926年には後藤守一・森本六爾両氏による踏査と測量が行なわれている。その後，1982年の古墳東側の道路部分の調査（第1・2次）で周濠が確認され，葺石，埴輪が出土しているが，墳形はこの時点まで円墳と考えられてきた。ところが，1988年に行なった墳丘の応急整備に伴うトレンチ調査（第3次）で前方部が検出され，墳形は帆立貝式の前方後円墳であることが判明した。

3 調査の概要

今回の調査は，1990年度とする4ヵ年計画の史跡の保存整備事業に基づく学術調査の一環である。今回は第3年次の調査（第6次調査）で，1991年6月から11月にかけて，後円部墳頂の主体部の調査とテラス部分の補足調査を実施し，既知の石棺に加えて新たに3基の主体部を検出した。

4 墳丘・周濠について

墳形は帆立貝式の前方後円墳で，主軸は前方部がほぼ南西を向く。墳丘規模は全長約82m，前方部は前端幅約28m，クビレ部幅約20m，高さ約2m，後円部の直径約68m，高さ約11m（推定），造出部は長さ7.5m，幅約10m，高さ約1m（以上，周濠底での計測値）である。周濠は馬蹄形に全周し，後円部での幅は約13mで，周濠を含めた全長は約104mとなる。また，テラス面を含めた墳表全面に葺石がなされ，3列の埴輪列が巡る。

墳丘は，ほぼ平坦な面に盛土して造られており，その築造方法はおよそ次のとおりである。①墳丘予定部分の周辺の地山を削り出して基壇とし，②基壇上に黒色土を中心とする盛土をして下段を造り，③さらにその上にローム土を盛土して上段部分を造る。したがって，墳丘は2段築成であるが，削り出しによる地山の基壇を含めると，見かけ上3段築成となる。なお，周濠底からは，焼土址，方形の配石遺構と土師器高坏が検出されている。

遺物は，土師器高坏，普通円筒埴輪，朝顔形円筒埴輪，形象埴輪（家，盾，鶏，壺）と柵形埴輪（仮称）などの埴輪が出土している。壺形埴輪を除く他の形象埴輪は，前方部と造出部の間の周濠から出土している。

5 主体部の配置と構造

主体部は1897（明治30）年に発掘された石棺を含めて，後円部の墳頂部で計4基を確認した。これらはすべて時期的に前後関係を有すると考えられ第1～第4主体と呼んでいる。

第1主体は中央主体で，墳丘の主軸に並行し，主軸線上の後円部中央に位置する粘土槨である。掘り方（墓坑）は長さ約10.4m，幅約3.7m，復元墳丘面からの深さが約2.0mの長方形を呈する。

木棺は割竹形木棺で，長さ約8.2m，幅は0.8～0.6mと，南西側が狭くなっている。棺床は墳丘盛土のロームの面で，南西側が約10cm低くなっており，ごく一部を除いて木棺は残存していなかったが，小口板の位置は両端部のやや内側で，粘土が込められている。また，身の中程より上側が粘土で被覆されている。

第2主体は第1主体の南東側に主軸と並行して位置する組合せ式の箱式石棺である。規模は外寸で長さ2.6m，幅1.02m，高さ0.48mを測る。掘り方（墓坑）は長さ4.6m，幅3.8m，深さ約0.9mの長方形を呈する土坑で，第1主体の掘り方の一部を壊している。棺の石材は房総産ないし三浦産の海成砂岩で，板状に加工した石を使用している。構成は底石2枚，長側石4枚，小口石2枚，蓋石1枚である。棺床，掘り方は粘土と円礫で固められている。

第3主体は第1主体と第4主体の中間に主軸と並行して位置し，第4主体の掘り方によって一部が壊されている。上面確認のみで精査は行なっていないが，木棺直葬

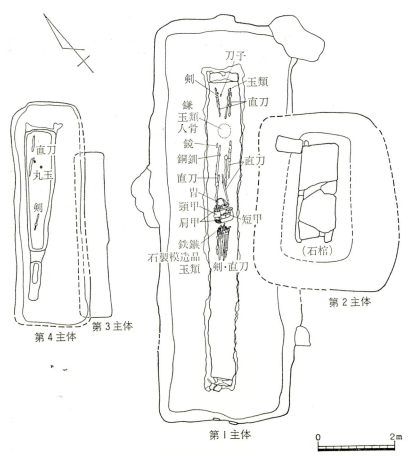

図1 野毛大塚古墳主体部配置図

とみられ，規模は長さ約4.2m，幅約0.7mである。

第4主体（現地説明会資料で，第3主体としたものを名称変更した）は，第1・第3主体の北西側に主軸と並行して位置する。掘り方は長さ約6m，幅約2mの長方形を呈する土坑である。木棺は組合せ式の箱式木棺で，土坑の北西側に偏って置かれている。木棺は長さ約3.2m，幅は0.45～0.8mで，南西側が細くなっている。棺床は墳丘盛土のロームのほぼ平坦な面で，北東側の小口にのみ粘土が込められている。

6 主体部の出土遺物

遺物については現在整理中であるため，その概要を述べるにとどめるが，主体部からの出土遺物は1992年1月現在で，以下のとおりである。

第1主体からは長方板革綴短甲1，頸甲1，肩甲1，三角板革綴衝角付冑1，鉄剣・直刀17，鉄鏃25以上，刀子1，鉄鎌2，銅釧1，内行花文鏡1，石製模造品18（刀子11，短冊形斧3，手斧2，勾玉1，鎌1），堅櫛30以上，玉類（勾玉4，管玉23以上，丸玉2，小玉・臼玉2,000以上），盾1，靫ないし矢筒1が出土している。

第2主体からは既知の遺物（東京国立博物館蔵）に加えて，臼玉25点が出土している。

第4主体からは，直刀，鉄剣各1点と丸玉2点が出土している。

7 調査の成果と今後の課題

第4～6次調査では，中央主体をはじめとする主体部がほぼ未盗掘であったこともあり，多くの成果を得ることができた。今後の検討課題は多いが，以下主要な点について述べておく。

①墳形はクビレ部に小規模な造出が付設された帆立貝式の前方後円墳となること。②古墳の築造時期については従来の編年観より遡って5世紀初頭となる可能性が高いこと。③第1主体部の副葬品は，質量ともに関東の中期古墳として第一級の内容を有しており，同時期の前方後円墳と比肩するものであることがあげられる。

以上の点は，従来畿内王権によって地域首長に加えられた政治的規制の結果とみなされてきた帆立貝式古墳の在り方について考えていく上で重要な検討課題となろう。

古墳の築造時期については第1主体部の甲冑と石製模造品に加えて埴輪の検討が重要となる。また，こうした墳形，遺物などの分析から，東国における野毛大塚古墳の位置づけ，あるいは畿内政権との関係を明確にしていかねばならない。とくに，武器・武具類と石製模造品を中心とした副葬品については，武蔵と毛野，あるいは武蔵と畿内の政治的関係を研究する上で重要である。

図2 第2主体（組合せ式石棺）

豊富な副葬品が発見された
東京都野毛大塚古墳

東京都世田谷区の野毛大塚古墳は，これまでに行なわれた調査で帆立貝式の前方後円墳であることが判明していたが，今回の第6次調査で既知の石棺を含む4基の主体部が明らかになった。中央の木棺から甲冑，刀剣や石製模造品をはじめとする多量の副葬品が出土したもので，これらは墳形とともに中期古墳文化を考える上で貴重な発見である。

構　成／寺田良喜
写真提供／世田谷区教育委員会・
　　　　　野毛大塚古墳調査会

野毛大塚古墳の前方部から後円部を望む

埴輪と葺石の出土状況（前方部周溝）
葺石とともに多量の埴輪が出土した

後円部テラスの葺石と埴輪

葺石区画列（前方部）

東京都野毛大塚古墳

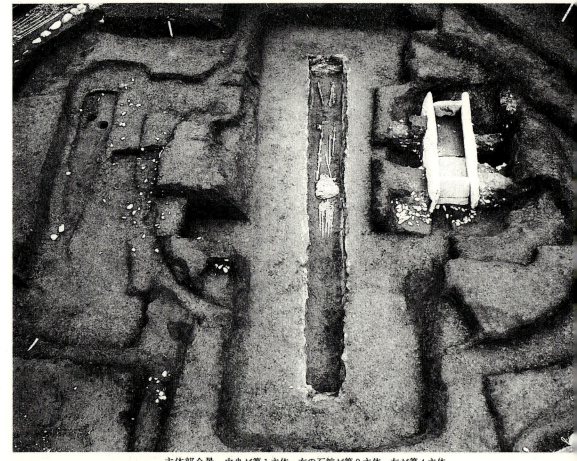

主体部全景　中央が第1主体，右の石棺が第2主体，左が第4主体

短甲，肩甲，頸甲，冑の出土状況

石製模造品と鉄鏃の出土状況

第1主体の遺物出土状況

矢黒城跡の空中写真（東方より，右側は球磨川）

史料上の縄張りを証明した
熊本県矢黒城跡

構　成／鶴嶋俊彦
写真提供／人吉市教育委員会

肥後南部に位置する人吉盆地内には，現在80カ所ほどの中世城館の所在が確認・推定されている。この中の矢黒城跡は，室町時代に合戦の場となったため，史料に城の縄張りに関する比較的詳細な記述がみえる稀有な山城である。調査では，史料の記述を証明する形で縄張りが確認され，当地方の築城法などを知る上で貴重な調査例となった。

発掘区全景

熊本県矢黒城跡

切岸の現況

城跡北端の土塁と大手口

城跡南部の切岸と空堀

土塁と土塁築造用の小溝

SB2の柱穴

●最近の発掘から

室町期の合戦があった山城────人吉市矢黒城跡

鶴嶋俊彦 人吉市教育委員会

　矢黒城跡は，熊本県人吉市矢黒町字西園に所在する中世山城である。民間の旅館建設計画に伴い，平成3年5月〜7月に人吉市教育委員会が，約1,000㎡について発掘調査を行なった。また，併せて縄張り確認のために，空堀などの試掘を実施した。

1　矢黒城跡の立地

　熊本県南部の人吉盆地を中心とする球磨地方は，古代から肥後国球磨郡と呼ばれた地域である。盆地底の沖積平野周辺のシラス台地や扇状地末端，山塊の突出部などには，現在80ヵ所ほどの中世城館の所在が確認され，また推定されている。

　矢黒城跡は，盆地の西端に近い球磨川左岸の丘陵地の一角に位置する。この丘陵は，阿蘇溶結凝灰岩を基盤とするため，北側を球磨川本流によって，また東・西側をその支流によって浸食されて形成された断崖が発達しており，天然の要害の地形を呈している。

　城跡からは，北方に球磨川右岸に広がる沖積平野を一望することができ，また，城跡の南辺には球磨川左岸の古道が通過する要所でもある。戦国大名となる相良氏の居城である人吉城跡（原城跡）は，球磨川上流約2kmの左岸に位置する。

2　「城戸尾の弓箭（合戦）」

　鎌倉以来，球磨地方は上相良氏や下相良氏の有力武家，さらに在地勢力である国人層などによって争乱が続いていた。しかし，室町時代の文安5年（1448）の相良家内乱の結果，下相良氏の一族である山田城主の永富（相良）長続によって，上相良氏やこれに従った多くの国人が亡ぼされて，球磨郡全体が統一された。以後，相良氏による郡内支配の強化が行なわれ，戦国大名として発展していく。

　矢黒城は，西浦と呼ばれる城周辺地域の地頭であった桑原氏の居城であるが，文安5年の翌年の宝徳元年（1449）に，長続による郡内支配の過程で合戦があった城の一つである。江戸時代後期の編纂である『南藤蔓綿録』『嗣誠独集覧』『球磨外史』といった相良正史には，「城戸尾の要害」「城戸尾の堡」とみえる。これらの史書には，合戦の様子もさることながら，城の縄張りについての具体的な記述があり，史料の少ない中世城を知る

うえで貴重な存在である。『南藤蔓綿録』には，次のように城の様子を記述している。

　「宝徳元年己巳長続公御代西浦地頭桑原隠岐守同子息何某一家其外残ラス御追伐ノ濫觴ヲ尋ヌルニ，去ル文安五年春多良木城主頼観，頼仙（上相良氏）御謀叛ノ節右桑原一味タルニ仍テ也，急度御退治有ルベキ由風聞仍テ俄ニ城戸尾ニ要害ヲ構ヘ一門家ノ子残ラス籠城致サレ候，抑此城戸尾ト申スハ東ハ大明神（矢黒神社），後ヨリ皆崖也，北ハ大川（球磨川）ノ上ニテ岩瀧也，南ハ大堀有リ，西ニモ柄堀（空堀）ヲ堀リ大手ヲ構ヘ城内僅カ高サ三町ニハ余モ過キズ，然共要害ヨケレバ輙ク責寄スヘシトハ見ヘサリケリ，（以下略）」（カッコ内は筆者註）

　これによれば，天然の要害の地に急いで築城したことや，大堀・空堀・大手があったことが知られる。また『球磨外史』では，この合戦の功として，長続家臣の税所新兵衛に城戸尾が与えられ，新兵衛が移り住んだとある。

3　縄張りの調査

　土塁　丘陵の西辺と南辺にある。幅3〜4.5m，高さ約1m。現在，北半分の約150mが残存し，南半分は果樹園造成で削平され消滅している。断面は台形を呈し，築成にあたっては，城内側の土砂を掘り出してルーズに盛る。

　切岸・空堀　土塁の外側において，城域の北端から南端近くまで，延長235mの切岸が走る。高さは，北部では4〜4.5m，南部で残存高1.5〜2.5mを測る。傾斜は45度〜50度。

　空堀は切岸の直下に造られている。南端部の丘陵の野首では堀切となって連続し，その延長は約250mである。さらに，空堀の南端は竪堀に変化している。空堀の幅は，2〜3m，深さ1〜2m。断面は逆台形を呈するが，中央付近の空堀は最大幅6mを測り，とくに大きく造成されている。

　これらの空堀は，史料にある「西の柄堀」「南の大堀」に相当するものと考えられる。

　竪堀　上記の竪堀の外に2ヵ所に竪堀がある。空堀の中央付近には2条の竪堀があり，長さ20m，幅6mを測る。城域東端の矢黒神社背後の竪堀は，長さ20m，幅5mを測る。

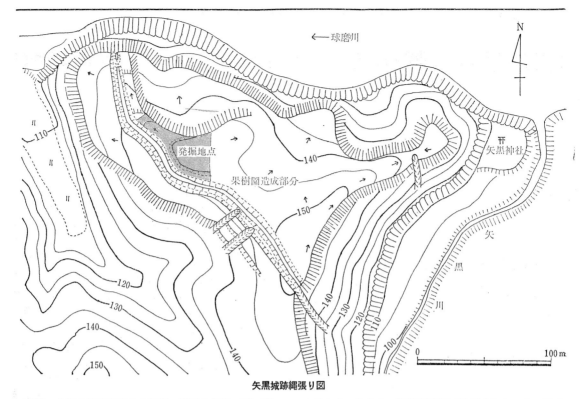

矢黒城跡縄張り図

曲輪 北辺の球磨川直上の断崖，東辺の急崖，西・南辺の土塁・切岸・空堀によって防御される城域内に，昭和61年の果樹園造成のため，その西端部を残して大規模に削平されている。地形図による旧地形は，西端と南端に標高150mの頂部があり，この間に緩やかな谷部がみられるが，削平部分に曲輪の造成がなされていたかについては不明である。

一方，空堀北半部の外側には，急崖との間に幅10～40mで長さ約150mの腰曲輪が設けられている。なお，土塁線の北端では，幅2mで土塁が切れている箇所があり，史料にある「大手」と推定している。

4 曲輪の発掘調査

果樹園造成による削平を受けていない丘陵西端部の平坦地付近の調査では，土塁内側の幅5mの凹地（土塁築成土を削り取った跡）と北側斜面に囲まれた25m四方の区域に，掘立柱建物2棟と塀3条，数基の土壙と炉穴を検出している。なお，土塁の内側基部において，土塁築造に関係する幅20cmの小溝も検出している。

SB1 遺構群の西端で検出の2×3間(4.2～6.3m)の掘立柱建物跡。内部に備前焼の大型甕の破片を出土した浅い土壙が2基あり，土間敷の建物とみられる。北妻外側には，直径1.5m，深さ1.3mの大型土壙がある。

SB2 平坦部中央で検出の2×4間（4.8×8.4m）の比較的大型の掘立柱建物。建物に東接して炉跡がある。

SA1・SA2 発掘区東端で検出された2本の塀跡である。SA1は全長5間（10.5m）であるが，SA2は2間分（4.2m）のみの検出である。SA1の柱掘方より14世紀後半～15世紀中頃の青磁の碗と皿の破片が出土し，柱痕跡には炭化物が多く含まれている。

SA3 SB2の北側で検出された小型の柱穴からなるL字形の塀跡。SB2と平行直交関係の方向で，南北4間，東西3間の規模である。

上記の建物群は，その遺構の配置からすると，大型で丁寧な造作がされている平坦部中央のSB2を中心に，東と北に塀をめぐらし，西方に台所的な機能が推定されるSB1を置いた，定住性の強い屋敷的な使用法が想定される。

5 まとめ

矢黒城跡は，周辺に急崖の発達した天然地形を最大限利用し，防御上弱点となる西・南側について，土塁・切岸・空堀・竪堀といった外郭施設を設けることで補強している山城であることが解明された。

調査では，青磁・白磁の碗や皿，火舎，備前焼大甕，土師皿，陶製つぼ，銅製金具，鉄釘，土錘などが出土している。遺物の年代は14世紀後半～15世紀中頃のものが大半である。建物群の年代も伴出遺物により同年代であり，「城戸尾の弓箭」の年代と一致している。一部16世紀代の染付磁器があるのは，合戦の後に城戸尾を拝領した税所氏の居住と関係するものであろうか。

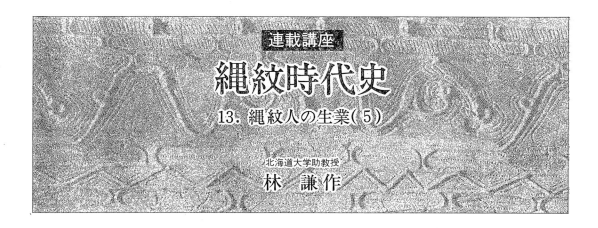

連載講座
縄紋時代史
13. 縄紋人の生業(5)

北海道大学助教授
林　謙作

1. 食品の選択(2)

前回, 日本列島各地の縄紋人が, それぞれの領域のなかで, もっとも効率のよいものを主要な食料資源として利用していたことを指摘した。と同時に, 縄紋人が選択した食品のなかには, 食品としての利用の効率という立場だけからは理解できないものもあることも指摘した。

貝類は, そのひとつの例となる。カロリー源としては, 貝類はきわめて貧弱な食品である。前回しめした貝類1 kgあたりの平均熱量は822Cal, 魚類の平均値のほぼ2/3, 低脂肪堅果類の1/4, 高脂肪堅果類の1/8にすぎない[1]。蛋白・動物性脂肪の供給源としても, 貝類はサカナ・トリ・ケモノにひけをとる。廃棄率もきわめて高く, 食品としての歩留まりも悪い。それでは縄紋人が, 理想的な食品とはいえない貝類を, 草創期から晩期にいたるまで, ひきつづき食べつづけていたのはなぜだろうか。

鈴木公雄は, だれでもたやすく採集でき, いつでも新鮮なものを利用できるのが, 貝類図の食品としての特徴だ, という[2]。縄紋人は, 手に入れるのに手間のかからぬ食品として, 貝類を利用しつづけたのだろう。つまり, どれだけの手間をかけて, どれだけの食品を手に入れることができるのかということも, 縄紋人が食品を選択する基準となっていたのだろう。堅果類のうち, 脂肪分が多くそのまま食用とな

るカヤ・クルミ・ハシバミなどや, 水浸しにしておく(水晒し)だけで渋抜きのできるカシ類などが主要な食品となった理由もこれとおなじだろう。

おなじ堅果類でも, トチ・ミズナラなど落葉広葉樹の実は, 渋抜きに大変な手間がかかる[3]。大量にあつめた実を処理するには, それなりの施設も必要となる。埼玉・赤山で, トチの実を処理し

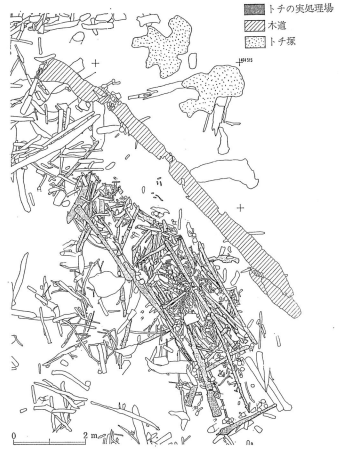

図1　埼玉・赤山のトチの実処理場・トチ塚・木道 (註4による)

た施設と推定される遺構（図1）が出ている[4]。長さ4.5m前後・太さ45cmをこえる丸太を，2.0〜2.4mの間隔で，10mにわたってならべ，そのあいだを太さ30〜40cmの丸太で仕切っている。丸太を支えている杭のなかには，2mちかく打ちこんだものもある。この施設にそって，木道が走り，その外側には「トチ塚」が2カ所残っている。「トチ塚」から出ているトチの実は，すべて殻がむけ，砕けている。石川・米泉でも，トチ塚・クリ塚が出ているし[5]，クリ・トチの殻が大量に集積している例は，青森・是川をはじめ，各地にある。

トチの実は，脂肪こそ少ないが，澱粉・蛋白を多く含んでおり，栄養価が高い。トチの実が常食としての役割をはたし，特別な扱いをうけたとしても不思議ではない。多大の労力をつぎこんで，このような施設を作る理由は，ここにあるのだろう。さらに，この遺構から，縄紋時代の生業のなかの，分業・協業のありさまを読みとることもできる。

トチの実の処理そのものは，女性の仕事だったろう。しかし，太さ40cm・長さ3mをこえる丸太の切りだしや加工・太さ20〜30cmの杭の打ちこみなどの作業は，男性が分担したのだろう。女性の仕事場を男性が建設している。この作業場は，生理的な協業の産物で，男性の労働を前提として，女性の労働が成り立っているわけである。植物性食料の処理にかぎらず，ひとつの生業活動のなかに，生理的な協業がおりこまれていることは，見落すことができない。生理的な協業は，安定した集落が成立し，長期間利用する施設を建設する機会が多くなるとともに発達したのだろう。いまのところ，旧石器時代の日本列島では，このような施設は知られていない。繰りかえし利用する生業活動のための施設の建設，それにともなう生理的分業・協業の発達，これは旧石器時代の生業活動にはみられない特色だろう。日本列島全域で，このような動きが活発になるのは，前期中葉からのちのことというのが常識的な判断だろう。ただし，南九州・中部高地・南関東・北海道などには，早期初頭から中葉にかけて，安定性の高い集落が成立している。これにともなって，生理的な協業も活発になった，とみることもできよう。ただし，このような動きがそのまま引き続き発展

			前肢						後肢					
			肩甲骨		上腕骨		橈骨		寛骨		大腿骨		脛骨	
			左	右	左	右	左	右	左	右	左	右	左	右
シ	堀之内1	LL					1							
		L	5		2		1	1	1	2	1			2
		M	6	2	5	1	2	2	3	4	1	1	2	2
		S	2	1	3		3			1	3		2	1
		SS									1			
カ	加曽利B	LL			1	1		3		2	1	3		1
		L												
		M	3		2	1		5	2		1	2	3	3
		S			3			1	5					
		SS			3			1	5					
イ	堀之内1	LL												
ノ		L	1	3	3	3	3	4			5	5	2	5
		M	3	3	4	5	3	7			6	3	4	5
		S	4	6	4	5	3	7			6	4	8	1
シ		SS												
シ	加曽利B	LL												
		L	2		4		1	1			5	5	2	5
		M	8	4	7	10	7	4	11	10	2	4	6	6	5	5
		S	17	15	12	3	3	7		4	4		5	5
		SS	1	3	3		4	1		1				1

表1　千葉・貝ノ花のシカ・イノシシ主要部位の出土数
（LL・L・S・SS　サイズ区分）（註6による）

するわけではない。

赤山の作業場の面積は20m²を超える。ひとつの世帯で消費するトチの実を処理する施設としては，規模が大きすぎる。作業場の傍にトチ塚があり，多量のトチの実が放置されている。赤山の集落の女性全員が，トチの実の採集・処理をおこない，選り残しをここに捨てた光景を想像することができる。いくつかの世帯の女性が，共同してトチの実の処理をしていたわけだから，世帯のあいだで協業がおこなわれていたことになる。ほかの集落の女性も参加していたとすれば，複数の集落のあいだの協業もなりたつことになる。協業が縄紋時代の生業の基盤になっていた，と推測する根拠はほかにもある。

千葉・貝ノ花から出たシカ・イノシシの四肢骨は，前後・左右の数があわない（表1）[6]。たとえば堀之内1期のシカの前肢の骨を数えてみると，計15個体分になる。ところが後肢の骨は，計10個体分しかない。加曽利B（曽谷）期のイノシシも，前肢32個体分に対し，後肢は21個体分だけ。シカの場合には，左右の不均衡もめだち，堀之内1期の大腿骨は左側だけ，加曽利B（曽谷）期の橈骨は右側だけである。イノシシは，シカよりも左右の釣合いはとれているが，それでも堀之内1期のSサイズの脛骨は左8・右1，加曽利B（曽谷）期のMサイズの右肩甲骨は左側の半数にすぎない。前

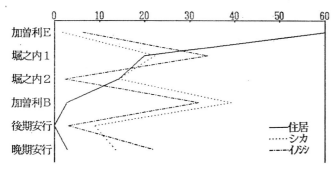

図2 千葉・貝ノ花の住居・シカ・イノシシ遺体の時期ごとの比率（註6による）

後・左右の不均衡は，千葉・山武姥山のシカ・イノシシの遺体でも観察できる[7]。

　男たちが獲物の四肢をくくり，そこに棒を通して担ぎ，まるごと集落に持ちかえっている光景，これは博物館の縄紋時代の集落の復元図のパネルなどでおなじみだろう。しかし，縄紋人が獲物を丸ごと集落に持ちかえり，そこで解体・消費したとすれば，前後・左右がこのような不均衡になる理由は，説明がつかない。いうまでもなく，当時の住民の捨てた骨のなかには，腐朽・分解して姿を消してしまったものもあるだろう。人間の食べ残しが，イヌの胃袋に納まることもあるだろうし，野生の鳥獣が持ち去ることもあるだろう。しかしこれらのできごとは，骨の部分によって出土量が違う原因の説明にはなっても，おなじ部分の左右の数が合わぬことの説明にはならない[8]。縄紋人は，かならずしも獲物を丸ごと集落に持ちかえったわけではない。そう解釈すれば，貝ノ花や山武姥山のシカ・イノシシの骨の前後・左右の数があわぬことも説明がつく。

　貝ノ花のシカ・イノシシの骨には，いまひとつ説明のつかぬことがある。時期別の住居の数と，シカ・イノシシの出土量は比例しない。加曽利E_2期の住居は8棟，加曽利E_3期の住居は13棟で，堀之内1期からのちになると，住居の数は急に落ちこむ。出土しているシカ・イノシシが，集落の住民が日常消費したものだけならば，中期のシカ・イノシシの出土量はもっとも多くなるはずである。しかし，中期のシカ・イノシシの出土量はひどく少ない。シカ・イノシシの出土量のピークは，住居の数が中期とは比較にならぬほど少なくなる堀之内1期・加曽利B（曽谷）期にある。貝ノ花から出ているシカ・イノシシの骨を，この集落の住民が，自分たちだけで捕獲し消費したものと考えると，この現象は説明がつかない。

　加曽利B（曽谷）期のように，住居がほとんどない時期に，シカ・イノシシの骨が多量に出ているのだから，集落ではない場所で獲物を解体し，消費もしているのだ。なぜ集落ではない場所で，獲物を解体し，消費しているのだろうか。ほかの集落のメンバーが参加した共同狩猟の獲物，貝ノ花から出ているシカ・イノシシの骨のなかには，それも含まれている。このように考えれば，左右の骨の数の釣合がとれぬことも，住居址の数とシカ・イノシシの出土量が比例しないことも説明がつくし，前回紹介した山武姥山のシカの下顎骨や真脇のイルカの上腕骨のように，左右おなじ個体のものがひとつもないという現象も，たやすく理解できる。しばしば貝塚などに残されている大量のケモノ・トリ・サカナの遺体の集積は，複数の世帯・複数の集落のメンバーの参加した集団労働，つまり協業の産物だった，と考えるべきだろう。いいかえれば，いくつかの集団の結合を土台とする協業が，縄紋時代の生業の基盤となっていたのだろう。

　このような集団労働は，ただ生業の効率をあげる，というにはとどまらぬ意味を持っていたことを見おとすべきでない。加曽利B（曽谷）期の貝ノ花のシカ・イノシシの骨は，狩猟に参加したメンバーがマツリを主催し，獲物のかなりの部分がそこで消費されたことをしめしている。狩猟にせよ漁撈にせよ，複数の人間が，獲物を追いつめ・しとめる過程で，緊張と経験を共有する。その興奮はマツリの場で開放される，このようにして，共同労働とそれをしめくくるマツリは，そこに参加するメンバーの社会的な結合を確認し，再生産する機会ともなっていた。集団労働が縄紋人の生業の基盤となっていた理由は，それが彼らの社会的な結びつきを再生産する機会ともなった，という点からも評価すべきだろう。

2.「縄紋農耕」

　これまで，縄紋人を狩猟採集民──自然のなかにある資源を利用している人々として説明してきた。しかし，縄紋人が植物を栽培し，動物を飼育していた，という意見もないわけではない。かりにこのような意見が正しいとすれば，縄紋人を狩猟採集民として扱うことは妥当ではない，という

ことになる。

縄紋人がなんらかの農耕をおこなっていた，という考えは，いまに始まるものではなく，すでに1920年代末にあらわれている。縄紋農耕を認めようとする意見は，

(1) 縄紋時代の全体，または一部の時期・地域の文化が繁栄した理由を，農耕にもとめようとする立場
(2) 稲作の受容・急速な伝播の前提条件として原初的な農耕の存在を認めようとする立場

に大別できる。縄紋農耕論の論点や経過は，戸沢充則・能登健・玉田芳英などがまとめている[9]。1970年代前半までの縄紋農耕論についての論評は，それらにゆずり，1970年代後半からのちの資料と意見に目をむけることにしよう。

1970年代なかばを境として，縄紋農耕論はあたらしい局面をむかえる。福井・鳥浜でヒョウタン・リョクトウが出土してから[10]，縄紋時代の日本列島に栽培植物が渡来してきていたことは，否定できなくなっている。その後の発見例もくわえると，ヒョウタンは滋賀・粟津湖底など6ヵ所，リョクトウは岐阜・ツルネなど8ヵ所で出土している。もっとも例が多いのはエゴマ（シソ？）で，長野・荒神山など10ヵ所で出土している。そのほか鳥浜では，縄のなかにアサを用いたものがあり，鳥取・目久美など3ヵ所では，アブラナ類も出土している[11]。縄紋時代の遺跡総数にくらべれば微々たるものだが，すべての発掘調査で植物種子の有無を確認しているわけではない，という事情を考えに入れねばならない。

穀物の出土例がまったくないわけではない。そのなかで，九州の後・晩期とされている例は，弥生の農耕のさきぶれと考えるべきだろう。青森・亀ヶ岡のコメ[12]，あるいは北海道・ママチや青森・石亀のソバなども[13]，晩期中葉以後のものである。本州西南部の突帯紋土器の文化圏に到達した早期弥生の影響が，いちはやく北日本にまで波及したのだろう。後・晩期以前の穀物の出土例は，北海道・ハマナス野のソバ，埼玉・上野と岐阜・ツルネのオオムギなどで[14]，いずれも中期といわれている。これらの例が間違いないとすれ

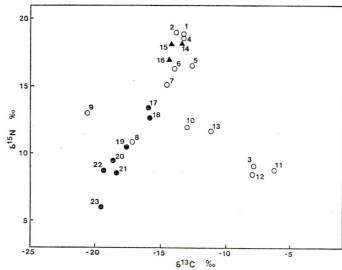

図3 新大陸各地の住民と縄紋人の炭素・窒素定安同位体比測定値の比較（註15による）

1イヌイット，2ハイダ，3ペコス・プエブロ，4ブリティシュ・コロンビア，5モシェール島，6チュマシュ，7沿岸チュマシュ，8内陸チュマシュ，9オンタリオ，10同，11テワカン，12ハビブ，13ピルー，14有珠，15北黄金，16高砂，17轟，18津雲，19古作，20陸平，21三貫地，22寄倉，23北村

ば，後・晩期以前にも，穀物栽培が日本列島に伝わっていたことになる。しかし，その技術が後・晩期まで継承されていた，と考える根拠はいまのところない。

前回紹介した，縄紋人の食品の種別のシミュレイションの結果では，縄紋人はムギ・ヒエ・アワなどのC_4植物も摂取していたようにもみえる。シミュレイションをおこなうとき，縄紋人が安定同位体比のちがう各種の食品をランダムに利用した，と仮定しているから，C_4植物の比率もゼロにはならない。南川雅男の教示によれば，平均値は10%前後でも，C_4植物の利用率がゼロにちかい場合が多く，実際には利用していないとみるべきだ，とのことである。南川は，新大陸各地の住民と縄紋人の炭素・窒素安定同位体比の測定値を比較している[15]。このなかで，テワカン，ハビブなど，農耕の存在が確認されている中米・北米の遺跡の住民（図3—11, 12）の$\delta^{13}C$濃度は高くなっている。トウモロコシ栽培の波及以前（同・9）・以後（同・10）で$\delta^{13}C$濃度が変化している場合もある。縄紋人の測定値は，きわめて広い範囲にまたがっている。しかし，C_4植物を常食としている人々の測定値とは重ならない。C_3植物であるソバ・イネならばともかく，縄紋人がC_4植物を主食としていた，と考える余地はなさそうだ。

縄紋人は，たしかに植物を栽培していた。しかし，その作物のなかには常食となるものは含まれてはいなかった。「縄紋農耕」をめぐる議論は，このようなかたちで決着がつくようにみえた。しかし最近，あたらしい問題がもちあがってきた。新潟・大沢では，集落のなかの包含層から，ヒガンバナ（またはユリ）科とヤマノイモ科の花粉

図4　新潟・大沢のヒガンバナ（ユリ）科（上）とヤマノイモ科（下）の花粉（巻町教育委員会提供）

（図4）が検出され，少量だがソバ属の花粉も含まれている[16]。樹木では，ヒノキ科がやや多い程度で，草本類の花粉も少なく，ともに10％前後である。ところがヒガンバナ（ユリ）科の花粉は前期後葉―中期前葉（古）には50％前後，ヤマノイモ科の花粉は中期前葉（新）には70％前後になる。中期前葉（中）には，ゼンマイ属の胞子が30％前後になる。ヒガンバナ（ユリ）科，ゼンマイ属，ヤマノイモ科の花粉・胞子だけが高い比率で出現し，しかもつぎつぎにいれかわるのは尋常ではない。調査を担当した前山精明が指摘しているように，なんらかの人為的な要因を考えねばならない。

「縄紋農耕」に批判的な立場をとる人々も，縄紋人が堀田満のいうイモ型有用植物（イモ類）[17]を利用していた可能性は認めている。神奈川・上ノ入でキツネノカミソリと推定されるもの[18]，鳥浜

図6　福井・鳥浜の土器に付着した球根（福井県立若狭歴史民俗資料館提供）

でユリ科（図6）とされるものが出土している。稲作以前にイモ栽培があったという意見は，民俗（族）学の分野に根強い。たとえば坪井洋文は，稲作文化の基層としてのイモ作文化の意義を強調している[19]。

中尾佐助は，縄紋時代に「三倍体植物を主とする半栽培農耕文化が伝播・成立していた」可能性がある，という[20]。ここで中尾が考えているのは，サトイモの一部・オニユリ・ヒガンバナ・ヤブカンゾウ・ミョウガなど。クワイ・ヤマノイモなども，その「候補として考え得る」という。大沢で花粉が出ている植物は，すべてこのなかに含まれている。ヒガンバナ・ユリ・ヤマノイモは，いずれも C_3 植物だから（南川雅男の教示），安定同位体比の分析結果とも矛盾しない。

ユリ／ヒガンバナ科やヤマノイモ科の花粉が，これほど高い比率を占めている例はほかにない。これまでの花粉分析では，集落から離れた湿地からサンプルを採取しており，遺物包含層――つまりゴミ捨て場など，集落のなかの堆積物を分析した例はほとんどない。これらの植物は，台地の上や斜面の林床を構成しており，株のまわりをはな

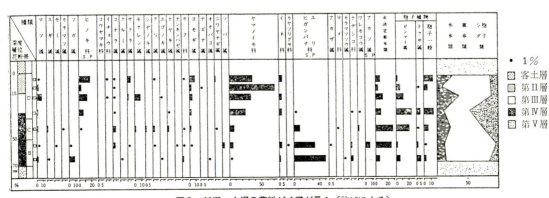

図5　新潟・大沢の花粉ダイアグラム（註16による）

れると，花粉の量は少なくなる。だから，斜面から離れた湿地のなかの堆積物では，これらの植物の花粉の比率が低いのは当然のことである。集落の外の湿地ばかりでなく，集落のなかの堆積物の分析にも力をいれる必要があるだろう。

それはともかく，大沢のゴミ捨て場の土に，花粉が含まれていたのは，このあたりにヤマノイモ・ユリ科やヒガンバナ科の植物が生えていたからだろう。ヤマノイモ科の場合は，葉の変形した栄養体（ムカゴ）を貯蔵していたか，まとめて処分したのかもしれない。集落のなか・住居のまわりに，「採園（キチンガーデン）」または「野地畑（のちばた）」[21]があり，大沢の住民は，デンプンの供給源となる植物を，ここに植えていたのだろう。

イモ類の半栽培の技術はいつ・どのような経路で，日本列島に伝わったのだろうか。曽畑式の時期に，韓半島を経由して伝わった，というのもひとつの考えである。半栽培のイモ類がリョクトウ・ヒョウタンなどとセットになっているとすれば，その時期は押型紋土器かそれ以前にさかのぼるだろう。東アジアの植物栽培の起源が完新世初期，あるいは更新世末期までさかのぼり，縄紋人の植物栽培にその片鱗をあらわしている，という可能性もまったくないとはいいきれない。

3. 縄紋人の生業の性格

大沢の花粉分析の結果は，縄紋前期・中期の植物栽培が「集落近傍に営まれた小さな畑地や庭畑でごく小規模」[22]におこなわれていたという佐々木高明の推測と一致している。佐々木は，縄紋時代に焼畑農耕が存在したことを精力的に主張している[23]。この意見にしたがえば，大沢の住民は農耕民だ，ということになるだろう。

佐々木は，先史時代の作物栽培といっても，その中身は「無限定に一括できるほど単純・同質では」なく，「採集（半栽培），狩猟，漁撈活動のごく一部を補う程度の」「原初的農耕」と，「主食料の生産の大半を（中略）農耕でまかなってはいるが」安定性がひくく，「農耕とそのほかの生業活動の比重が逆転することもあるような」「初期的農耕」の区別があることを指摘する[24]。この意見は，1960年代までの「縄紋農耕論」にくらべて，はるかに論理的にととのっており，目配りがきいている。

にもかかわらず，植物栽培が「採集，狩猟，漁撈活動のごく一部を補う程度」の役割しかはたしていない社会を，なぜことさら「農耕社会」と呼ぶのだろうか。佐々木自身は，その立場を，「非常に小規模なものでも農耕があれば，『ある』ということを大事にしていこうと思う」のだと説明する[25]。佐々木は，縄紋社会を「成熟せる採集社会」[26]とも定義する。「成熟せる採集社会」のなかには，「原初的農耕社会」の側面もある，というのがその真意だろう。日本の農耕文化の起源がどこにあるか，日本の農耕はどこまでさかのぼるか，佐々木の関心はそこに集中している。

一方，考古学で「農耕社会」といえば，「農耕が主要な生業となっている社会」という意味である。「農耕の生みだす余剰を土台として，ほかの生産活動も成り立っている社会」といってもよい。つまり，ひとつの社会が農耕社会とよべるかどうか，その決め手となるのは，社会の生産システムのなかでの，農耕のしめる比重・はたす役割なのだ。この定義にしたがえば，「初期的農耕」の段階が，ようやく「農耕社会」の入口にたどり着いた，というところで，「原初的農耕」の段階にある社会は，とても農耕社会とはいえない，ということになる。

後・晩期，あるいはそれ以前の縄紋社会に，植物栽培あるいは農耕があったかどうかということ，そしてそれが日本列島に水稲耕作がひろがる過程で，どのような役割をはたしたのかということは，縄紋社会を特徴づける生業は何かという問題とは切り離して考えるべきだろう。縄紋社会の生業の性格をとらえようとすれば，植物性の食料資源ばかりでなく，動物性の食料資源をもふくめ，縄紋人の生業システム全体の特徴をとらえる必要がある。

完新世の環境のもとでの狩猟・採集は，更新世からの生き残りではなく，農耕・牧畜と狩猟・採集は，後氷期の環境変化にともなって平行して発展した，という意見もある[27]。一方，E. S. ヒグスとM. R. ジャーマンは，人間と動・植物の交渉が，更新世からひきつづき緊密になり，その経験が累積して，農耕・牧畜が成立すると考える[28]。「定住した人間が作りだした環境のなかに生ずる植物を，手近に採集して食料化」する段階を「先農耕段階」とよぼう，という中尾佐助の意見も，これにちかい[29]。

ヒグスとジャーマンは，この過程をHusbandry

と Domestication にわける。動・植物資源を，多少なりとも意識的に，保護・管理している場合が Husbandry，人間にとって都合のよい品種を計画的に作りだしている場合が Domestication である[30]。かりにに前者を「誘導／管理」，後者を「淘汰／馴育」としておく。狩猟採集民といえば，身のまわりの与えられた資源を受身の立場で利用している人々だ，と考えがちである。しかし最近，狩猟採集民もさまざまな手立てによって，資源を維持・管理している，ということが注目されるようになってきた。そのひとつの具体的な例が，狩猟採集民のおこなう火入れである。小林達雄は北米北西部海岸のサリッシュ族が火入れをおこなうことを紹介している[31]。火入れは，北米北西部の狩猟採集民のあいだで，ひろくおこなわれている。たとえば，カナダのアルバータ州北部では，クリー・クロウ・チペワイアンなどの諸部族が，森林のあいだの草地に火入れをしている[32]。オーストラリア各地の狩猟採集民も火入れをおこなっており，カリフォルニア・オレゴンの諸部族のように，低木林や針葉樹林に火入れをして草地（伐開地）を造成する場合もある。イギリスでは，中石器時代に火入れがはじまっている，という意見もある[33]。火入れをした場所は，草の発芽が早くなり，草丈も伸びる。草食獣はここに集まり，それを追って肉食獣も入りこんできて，格好の猟場となる。漿果類など林床のなかの有用植物の成長も活発になる。火入れをしなければ樹木がはびこり，草地は消滅してしまう[34]。

さきに紹介したアルバータ北部の場合，伐開地の維持・管理の第一の目的は，猟場の確保にあるが，それでけではなく，伐開地はさまざまな機能・目的をはたしている。伐開地に有用植物を栽培すれば，焼畑農耕が成立する。北アメリカ北西部で焼畑が成立しなかった理由は，この地域に栽培に適した有用植物が分布しておらず，栽培植物も波及しなかった，というまでのことで，イロクォア族・アルゴンキン族など，農耕の波及した北アメリカ北東部の森林地帯の諸部族のあいだでは，焼畑農耕が成立している[35]。

焼畑農耕は，狩猟採集民の資源の維持・管理の技術の枠のなかでも成立しうる。とすれば，狩猟採集民が有用植物の栽培技術を開発し，焼畑農耕をはじめることもあるだろうし，狩猟採集民が農耕民と接触し，栽培植物の一部を伝統的な技術の

なかにとりこんで，焼畑農耕をはじめることもあるだろう。だから，水田農耕民が焼畑に転向することは考えられない[36]，というような一般論では問題は解決しない。縄紋時代の社会で，実際にどのような出来ごとが起きていたのか，具体的な資料にもとづいて，判断しなければならない。

ところで，アルバータ北部の狩猟採集民の維持・管理している草地は，そこにおもだった獲ものとなるシカ類をひきつけることになる。いいかえれば，草地を維持・管理することによって，利用価値のある資源を，自分たちの手許に誘導している，といえるだろう。中尾のいう「先農耕段階」の半栽培も，人間が環境に干渉し，利用価値のある植物を誘導したことになる。自分たちが利用しやすい場所に，有用な資源が増殖しやすい環境をつくりだし，誘導する。このような生業システムの原理を想定することができよう。縄紋人の生業も，このなかに含めることができよう。

ただし，縄紋人が動・植物資源を管理していたという確実な証拠は，いまのところあまり多くはない。千野裕道の炭化材の分析結果は，縄紋人のクリの管理と利用のプロセスを具体的に示唆している点で注目をひく[37]。東京・伊皿子のハイガイの殻長の最小値は，最大値より変異幅がせまい。鈴木公雄は，貝塚を残した人々が，ある限度よりも小さな貝は採取しないように配慮した結果だ，と解釈している[38]。いわゆる棒つきカキも，縄紋人の資源管理の痕跡かもしれない。集落の周期的な移動も，資源管理の一手段だろう（後述）。縄紋人の動・植物資源の管理——それは今後実証してゆかねばならぬ課題である。

註
1) 林「縄紋時代史12」表3（『季刊考古学』38：102，1991）
2) 鈴木『貝塚の考古学』pp. 64-68（『UP 考古学選書』5，東京大学出版会，1989）
3) 渡辺 誠『縄文時代の植物食』pp. 98-135（『考古学選書』13，1975，雄山閣）
4) 金箱文夫編「赤山――一般国道298号（東京外かく環状道路）新設工事に伴う埋蔵文化財発掘調査報告書・本文編第一分冊」pp. 405，410，411-30（『川口市遺跡調査会報告』12，1989）
5) 西野秀和『金沢市米泉遺跡』pp. 13-14，282-84（石川県埋蔵文化財センター，1989）
6) 林「貝ノ花貝塚のシカ・イノシシ遺体」（『北方文化研究』13：75-134，1980）
7) 林 謙作・西本豊弘「縄文晩期～弥生前期の狩猟

と儀礼」pp. 38-41（大井晴男編『環太平洋北部地域における狩猟獣の捕獲・配分・儀礼』26-42, 1986）

8）K. C. ブレインの観察では，人間の食べ残しのヤギの骨をイヌがあさった後，下顎骨は90％以上，上腕骨・脛骨（いずれも下端）や橈骨・尺骨は50〜60％が残っているが，足端骨・頸椎骨・腸骨などはいずれも10％以下で，とくに脊椎骨・上腕骨（上端）はまったく残っていなかったという。Brain, K. C. Some Interpretation of Bone Accumulations Associated with Man. pp. 105-12 (Isaac, G. Ll., McCown, E. R., (eds.) *Human Origins: Louis Leakey and the East African Evidence.* 97-116, 1976. Benjamin/Cummings).

9）戸沢充則「縄文農耕論」（大塚初重・戸沢充則・佐原眞編『日本考古学を学ぶ』2：173-91, 1979, 有斐閣），能登健「縄文農耕論」（桜井清彦・坂詰秀一編『論争・学説日本の考古学』3：1-29, 1987, 雄山閣），玉田芳秀「縄文時代に農耕はあったか」（鈴木公雄編『争点・日本の歴史』1：141-153, 1991, 新人物往来社）

10）西田正規「植物遺体」（岡本勇監修『鳥浜貝塚―縄文前期を主とする低湿地遺跡の調査』1：158-61, 1979），松本豪「緑豆」（同前・162-63）

11）これらの植物種子の出土地は註9玉田論文参照。

12）那須孝悌・山内文「縄文後・晩期低湿性遺跡における古植生の復元」p. 163（文部省科学研究費特定研究「古文化財」総括班『自然科学の手法による遺跡・古文化財等の研究』158-171, 1980, 丸善）

13）山田悟郎「ママチ遺跡出土の花粉化石」p. 314（北海道埋蔵文化財センター『ママチ遺跡』311-18, 1982）

　　那須孝悌・飯田祥子「青森県石亀遺跡（縄文晩期）の花粉分析」（渡辺誠編『青森県田子町石亀遺跡第二・三次発掘調査概報』13-17, 1975）

14）Crawford, G. W., Paleoethnobotany of the Kameda Peninsular, Jomon pp. 90, 148-49, Anthropological Papers. Museum of Anthropology, University of Michigan, 73, 1983

15）南川「アイソトープ食性解析から見る先史モンゴロイドの食生態」（『モンゴロイド』6：24-29, 1990）

16）前山精明『大沢遺跡―縄文時代中期前葉を主とする集落跡の調査概要』（巻町教育委員会, 1990）

17）堀田「イモ型有用植物の起源と系統―東アジアを中心に」pp. 19-21（佐々木高明編『日本文化の原像を求めて・日本農耕文化の源流』17-57, 1983, 日本放送出版協会）

18）小島弘義・浜口哲一「上ノ入遺跡炭化球根」（『どるめん』13：90-95, 1977），註10西田報文p. 160

19）坪井『イモと日本人』（1979, 未来社）

20）中尾「東アジアの農耕とムギ」pp. 135-37（『日本農耕文化の源流』121-61）

21）福井勝義ほか「縄文の畑作農耕とその検証の可能性をめぐって」pp. 355-56（佐々木高明・松山利夫編『畑作文化の誕生―縄文農耕論へのアプローチ』347-84, 1988, 日本放送出版協会）

〔22〕佐々木「日本における畑作農耕の成立をめぐって」p. 17（『畑作文化の誕生』1-22）

23）佐々木「稲作以前」（『NHKブックス』147, 1971, 日本放送出版協会），「照葉樹林文化の道―ブータン・雲南から日本へ」（同前・422, 1982・同前），「日本農耕文化源流論の視点」（『日本農耕文化の源流』1-15），『縄文文化と日本人―日本基層文化の形成と継承』（1986, 小学館），「日本史誕生」（『日本の歴史』1, 1991, 集英社）

24）註22）pp. 15-18

25）註21）p. 351

26）佐々木『縄文文化と日本人』p. 106

27）Foley, R. Hominids. humans and hunter-gatherers: an evolutionary perspective. pp. 219-21. Ingold, T., Riches, D., Woodburn J. (eds.) *Hunters and Gatherers I: History, evolution and social change.* 1988, Berg.

28）Higgs, E. S., Jarman, M. R. The Origins of Animal and Plant Husbandry. pp. 12-13, Higgs (ed.) *Papers in Economic Prehistory*, 3-13, 1972, Cambridge, University Press.

29）中尾「先農耕段階とその類型―農耕起源論と関連して」p. 330（『畑作文化の誕生』325-44）

30）註28）p. 8

31）小林「総論―縄文経済」p. 11（加藤晋平・小林達雄・藤本強編『縄文文化の研究』2：1-16, 1983, 雄山閣）

32）Lewis, H. T., Fire Technology and Resource Management in Aboriginal North America and Australia pp. 51-53 Williams N. M., Hunn E. S. (eds.) *Resource Managers: North American and Australian Hunter-Gatherers.* 45-67, 1980, Australian Institute of Aboriginal Studies.

33）Simmons, I. G., Evidence for vegetation changes associated with mesolithic man in Britain. Ucko, P. J., Dimbleby, G. W. (eds.) *The Domestication and Exploitation of Plants and Animals.* 111-19, Duckworth, 1976

34）Mellars, P., Fire Ecology, Animal Populations and Man: a Study of some Ecological Relationships in Prehistory. pp. 16-39, *Proeedings of the Prehistoric Society.* 42：15-45, 1976

35）Trigger, B. G. (ed) *Handbook of North American Indians: Northeast*, pp. 163, 199, 216-17, 258, 297, 379, 795, 1978, Smithonian Institution.

36）佐々木『縄文文化と日本人』p. 139

37）千野「縄文時代のクリと集落周辺植生」（『東京都埋蔵文化財センター研究論集』2：25-42, 1983）

38）鈴木『貝塚の考古学』pp. 76-77

書評

石井　進・萩原三雄 編

中世の城と考古学

新人物往来社
A5判　608頁
9,800円　1991年12月刊

よく，「学問研究は日進月歩」というが，中世城郭の研究にかぎっていえば，日進月歩どころのスピードではなく，うかうかしていると，研究水準から取り残されてしまう恐れもある。中世城館址を扱った論文は急速にふえてきたし，発掘調査の成果をまとめた報告書も年間100冊を越えるハイ・ペースである。本書の冒頭で，編者の一人石井進氏が，「いま"中世の城"の研究がおもしろい」と表現した通り，中世城郭研究は，いまや，中世史研究の花形研究分野の一つになったといってもよいのかもしれない。

「歴史研究は趣味じゃないんだョ」と皮肉をいわれながら，肩身の狭い思いをして城郭研究に入った私の学生時代のころとくらべてみて，まさに，隔世の感がある。

城の研究は，昔から大きく二つの流れがあった。一つは，主流といってもよいが，歴史学的アプローチ，すなわち，文献史学の立場である。政治史・経済史，さらには軍事史など，扱う内容にちがいはあっても，根本は，遺された古文書・古記録などを手がかりに，中世城館を解明しようとする。そしてもう一つは，城館址遺構の現地調査を主とする研究方法で，縄張図の作成に力がそそがれる。これを，最近は，さきの文献史学と区別して，城郭史的アプローチなどと表現することもある。石井氏が，本書の「序にかえて」のところで，「民間学」・「日曜日の研究者」と表現された人たちによってになわれてきた分野ということになる。

これら二つの流れに，もう一つ付け加えられるようになってきたのが考古学的研究である。そして，文献史学・城郭史学・考古学，この三つの立場の異なる研究者が，中世の城を解明するため，学際的研究を推進するようになってきた。だからこそ，「いま"中世の城"の研究がおもしろい」のである。

縄張図作成とその研究を中心とした，つまり，城郭史的アプローチによる成果として，『図説中世城郭事典』（1987年）および『中世城郭研究論集』（1990年）が出版され，さらにいま，私たちは考古学的アプローチを中心とした本書を手にすることができた。中世城館址研究は，また一つの峰に到達することができたといえるのではなかろうか。

さて，本書は大きく五つの章に分かれ，第一章「城館研究の方法と視点」には，千田嘉博「中世城館研究の構想」，山本雅靖「城館研究の視点と方法の展開」，藤沢良祐「城館出土の瀬戸・美濃大窯製品」，小野正敏「城館出土の陶磁器が表現するもの」の四本が収められ，第二章「地域形成と城館」には，坂井秀弥「絵図にみる城館と町」，柴田龍司「中世城館の画期」，前川要「中世集落の動向と流通機構の再編」，土井義夫「地域史研究と中世城館」の四本が収められ，第三章「権力と城館」には，斎藤慎一「本拠の展開」，中山雅弘「戦国大名の領国と城」，松岡進「戦国期における『境目の城』と領域」，福島克彦「織田政権期の城館構成」の四本が収められている。

第四章「村落と城館」には，横山勝栄「山間地域の小型城郭」，八巻与志夫「中世居館のありかた」，中井均「中世の居館・寺そして村落」の三本が収められ，第五章「発掘調査と城館」には，豊原熙司「チャシとその性格」，松崎水穂「北海道の城館」，工藤清泰「東北北半の城館」，大田幸博「熊本の中世城館」，當眞嗣一「グスクとその構造」の五本の論文が収録されている（サブタイトルは省略した）。最後に，もう一人の編者萩原三雄氏が「結びにかえて－中世城館研究の課題と展望－」を執筆してしめくくっている。

個々の論文について，私なりに感じている点をコメントする紙数がないのが残念であるが，全体として地域的なバランスもとれており，それぞれ，力作ぞろいであることはいうまでもない。

ただ，欲ばったいい方をさせてもらえば，もう少し，実際に発掘調査に携ったそれぞれの発掘担当者の「生の声」を聞きたかったような気がする。もっと秘蔵写真や図面などを多用し，臨場感のある論文が含まれていてもよかったのではなかろうか。

私があえてこのようないい方をするのは，本書が，これからしばらく，中世城館址研究，とりわけ，考古学的アプローチのバイブル的存在になると考えているからである。私も，数カ所の城館址を考古学の人と掘ったことがあるが，ほとんどの人は，弥生・古墳期までしか実際には掘っていなかった。大学でこれまで「城郭考古学」が教えられてこなかったため無理のないことで，そのため，手さぐりで中世城館址の発掘にいやおうなく手をそめなければならないという人が，これからも増加することは確実である。

近い将来，そうしたマニュアル的な出版物が出ることを期待するが，それまでは，本書によって，事例研究を学びとることにしたい。　　（小和田哲男）

書評

前川 要著
都市考古学の研究
中世から近世への展開

柏書房
Ａ５判　293頁
3,800円　1991年12月刊

　本書にこめられた著者の抱負は、「『岩波講座日本考古学』への挑戦」、「記録重視型の考古学への挑戦」、「個別遺跡の総花的記載型の中近世考古学への挑戦」という、著者自身の言葉によって知ることができる。この挑戦的かつ戦闘的な序章で始まる『都市考古学の研究』（副題「中世から近世への展開」）は、しかし破壊的あるいは排他的な内容をもっているわけではない。著者の好戦的な態度は学問の上でのことで、普段の前川さんとはつながりにくい。また学問上の勇ましさも、決して傍若無人な論法をもってするというわけではない。むしろ反対に、著者の執筆姿勢でつねに貫かれている研究史に対する配慮は、第１章冒頭の「研究史」だけでなく、全編にわたって重要な意味をもっている。このことは近年見受けられる、研究史無視の暴力的な論考に対し、強い対称をみせている。

　第１章「都市考古学研究の方法」では、研究史の回顧に続いて、研究の方法が論じられている。ただしここでは、研究者（あるいはグループ）間の研究方法の差異を中心に記述が進められているため、著者の「方法」がどこにあるのか、明確にされていない。

　第２章「中世都市から近世都市への展開」と、第３章「近世都市の展開」は、本書の核心をなす部分である。大多数の読者にとって、おそらく最も読み応えのある部分ということになろう。ここでいう「展開」とは、いってみれば時間的な裏付けをもった空間的な展開であり、方法的な基幹は、古代官衙遺跡の変遷をとらえた今日の考古学成果に求められよう。

　この実践は、中世・近世をひとまとめにしていえば、前川氏をはじめ、佐久間貴士・川口宏海氏ら、おもに関西の研究者を中心に推進されてきたもので、その水準を示すものとして、「清洲シンポジウム」、大阪におけるシンポジウム「中世末から近世のまち・むらと都市」などに結集され、いまだ印象に新しいものがある。このような中・近世における空間論が、考古資料をもとに可能になってきた背景には、この時期の遺物の編年が整備されてきたことに伴う、時間的な位置付けの明確化が大きく作用していることはいうまでもない。

　こうした成果を体系化した書として、本書の意義は大きい。遺物の編年をもとに、年代を与えられた遺構分布図がつぎつぎにめくられてゆく。このようにして、中世の中心地都市の一例として、清洲城下町がとりあげられる。清洲城下町の扱いは、第一に、この考古学的方法によって、13世紀後半から14世紀前半の集落から、15世紀後半以降の屋敷地および町屋の可能性のある区画の成立、さらにそれ以後の城下町の展開が図示される。次に歴史地理と「縄張り研究」の成果が援用されて、15世紀末頃の「中心地的集落網」の確立、16世紀代の「場を取り囲む惣構え」・「商工業者の凝集」という都市遺跡の特性が引き出される。

　発掘によってわかることだけを論ずるのでは駄目で、発掘された一部のスペースから、それ以外の部分も補ってゆかねばならないというのが、著者の主張の一つである。評者も事実と類推の部分とを明確にしたうえでという前提を条件に、この考えに賛成である。近世城下町となると、この補足あるいは推定部分が大きくなる場合が多い。これを克服してえられた到達点の一つに、マクロな視点での惣構え、ミクロな視点での長方形街区と短冊型地割りの問題がある。これらは主として歴史地理学、最近では建築史学の立場から論じられていたが、考古学の立場からここに参入したことになる。

　長方形街区と短冊型地割りの系譜についてみると、小牧城下町でみられる永禄６年頃からの組合せが先行するので、織豊系城下町系列で独自に発生・展開して、江戸時代の城下町へ連続してゆくと結論付け、建築史側から出されている説、たとえば玉井哲雄の畿内寺内町をモデルとする説を批判している。著者によれば近世城下町の成立過程は、武士階級による統一政権の樹立と、商工業者支配の過程を具象化したものということになる。

　以上、一部を概観したように、本書は日本の中近世都市デザインの発展過程の考古学的到達点を、体系化したものである。すでに多くの論文で目にしたことのある考察が多いけれども、このように一書の体裁を整えると、読み応えのある内容であることを再認識させられる。

　様式論にもとづく空間認識を、都市考古学研究の方法と考える著者の構想は、見事に実現したが、評者にはいまひとつもの足りない点がある。それは、都市生活者そのものの視点が入っていないことである。しかし評者は、このことを非難しているのではない。本書は、明確な目的のもとに都市考古学を論じた書であり、また別の角度からの都市考古学の論考を期待するからである。

（古泉　弘）

書評

G. ボジンスキー著　小野昭訳

ゲナスドルフ
氷河時代狩猟民の世界

六興出版
四六判　205頁
2,300円　1991年11月刊

　書名『ゲナスドルフ』とは、ドイツの首都ボン市の南東約10kmにあり、有名なライン川中流域のノイヴィート盆地の北端に位置する遺跡名である。ゲナスドルフ遺跡の年代は今からおよそ12,000年前の後期旧石器時代マドレーヌ文化期に相当する。

　遺跡は、1968年住宅建設中に偶然に発見された。緊急の発掘調査後、1970～1976年にかけて学際的研究が行なわれ、延べ687m²の発掘調査が行なわれた。本書の内容はその成果を中心として、以下紹介するように、傑出した遺跡の様子を表わしている。執筆者は本遺跡の調査団長で、ドイツ・ケルン大学のゲルハルト・ボジンスキー教授である。

　ゲナスドルフ遺跡では極めて重要な遺構・遺物が発掘調査により明らかになった。というのは、ライン川対岸の丘陵にラーハ湖があり、紀元前9080年前にその火口から噴出したパミスが1～2mの厚さでゲナスドルフの遺跡を逸早く覆った。そのために、腐蝕しやすいものまでが保存された。検出された住居址の炭素年代測定は紀元前10,400年であった。

　まず、遺構をみてみよう。大形の住居3棟と小形のテント3棟そして1棟の大形テントが発見された。ボジンスキー教授は遺跡の住居やテントが回帰的に利用されたものと、一時的に用いられたものがあるという。住居は、動物遺存体から冬用と夏用に利用されたものと推定された。冬用の住居は上屋や壁として、実にウマの毛皮40頭分が必要と算出された。かくて、ゲナスドルフ遺跡は単なるキャンプ地ではなく、ベースキャンプとして位置づけられたのである。

　それでは本遺跡の出土遺物を見てみよう。石器はナイフ形石器・掻器・彫器・石刃・リタッチャー・礫器・敲石などがあり、その他トナカイの角製品（槍先・銛・女性彫像）、マンモスの象牙製品（槍先・女性彫像）、ウマの骨製品（針）、シカ・雪ギツネ・トナカイの歯製品（装飾具）、ワタリガラスの爪製品、化石木・木製の数珠玉、巻貝（装身具）、化石の加工品、スレート製の線刻画や女性像など多様な遺物が発見されている。

　線刻画はウマ・マンモス・サイ・シカ・オーロックス・オオカミ・ライオン・アザラシ・ライチョウ・ワタリガラス・水鳥など豊富な動物や女性・男性などが描かれていた。多くのウマの線刻画は、毛皮は勿論のこと、骨針など生活上、欠かすことのできない動物であったことを物語っていよう。

　ゲナスドルフ遺跡は年代的に限定できる各種の遺構や遺物、とりわけ動物遺存体や自然遺物、そして豊富な線刻画を通して、遺跡の様相が総体的に捉えられ、ヨーロッパ屈指の遺跡になったのである。

　さて、本書は遺跡の内容も重要であるが、ドイツ考古学の発掘調査法の一端が理解でき、興味深い。数枚の写真図版をみてみよう。1枚目の写真は、遺跡に板を渡して、腹這いになりながら発掘しているスナップである。有機質土壌中から検出される遺構や遺物を痛めないための措置として、このような調査法が生み出されたのであろう。2枚目は作業写真による遺物の取り上げや遺構の写真実測である。正確に、しかも迅速に作業できる調査法として、日本でも大いに検討されるであろう。3枚目の写真は仮設の陳列室を設けて遺物や遺構の写真を展示し、生徒や市民に説明し、遺跡の重要性を啓発した点にある。そのためか、コブレンツ州立博物館の開館記念として、ゲナスドルフ遺跡の企画展示では、実に20万人以上が入館する驚異的な記録に達したという。

　本書を読んで、日本旧石器時代の遺跡とゲナスドルフ遺跡を比較しがちになるのを胸におさえ、調査中の礫群や配石に線刻画が描かれていないか、改めて観察したのは決して評者一人ではないであろう。

　たまたま、1991年11月に日本考古学協会宮城・仙台大会の招請講演のためボジンスキー教授が来日した折、接する機会があった。石器を見出すと時間を忘れてじっくり観察する。ドイツ語の外にフランス語、英語そしてロシア語も話すことができる国際派である。それゆえ諸外国の考古学や比較民族学、さらに実験考古学にも造詣が深い。因みに、酒も日本の冷酒を一気飲みする大陸的な人柄であるようだ。

　訳者小野昭氏は数年間ドイツに渡り、ボジンスキー教授から直接薫陶を受けた師弟の間柄である。ゲナスドルフ遺跡の発掘調査にも参加しており、遺跡の状況をあますことなく知り尽している。独文の翻訳は難解なところが見られず、非常に分りやすい文面になっている。加えて、脚注や解説は訳者が補筆したもので、フランスやイギリスの考古学ニュースと比べて入りにくいドイツ旧石器時代研究の最新情報が理解でき、その親切さが便利でうれしい。

　日本の旧石器時代研究に新風を吹き込むことは言うまでもなく、多くの研究者や一般市民に読んでいただきたい数少ない良書であろう。いつの日か、ゲナスドルフのような遺跡を手掛けたいと思いつつ、筆をおくことにする。

（白石浩之）

書評

沖 守弘撮影　伊東照司解説

原始仏教美術図典

雄山閣出版
B5判　436頁
12,500円　1991年12月刊

　原始仏教美術の精華は，サーンチー仏塔群・バールフト仏塔の欄楯，そしてアマラーヴァティーとブッダガヤの仏塔欄楯に見ることができる。それらに共通しているのは前2〜1世紀に造営された仏塔とその欄楯に表現されている仏伝図・本生図のモチーフを中心とする彫刻群である。なかでもサーンチー仏塔群は，現位置に往時のままに復元され，いまに造営時の形状を彷彿と想起することが可能であり，またバールフト仏塔の欄楯はカルカッタのインド博物館の特別室に移築復元されている。それに対してアマラーヴァティー仏塔の欄楯は，解体されて遠くヨーロッパの博物館に運ばれ，一部は現地の博物館に保管されているものの，かつての状態を知ることができない。そしてブッダガヤの欄楯は，現在，大塔の周囲に後世に増補された欄楯のなかに往時の姿を止めているのみである。

　このように原始仏教美術を現地において直視することができるのはサーンチー仏塔群であり，それに加えて欄楯が移築復元され博物館において親しく観察しうる例がバールフトである。

　サーンチーは1818年に，バールフトは1873年にそれぞれ英国人によって発見され，その後，サーンチーはA・カニンガム，H・H・コール，J・マーシャルなどにより，バールフトはA・カニンガムなどによって調査され，そして復元作業が行なわれてきた。

　サーンチーについては，A・カニンガムの"The Bhilsa Topes" (1854)，J・マーシャルなどの"The Monuments of Sānch" (1940) と，"A Guide of Sanchi" (1936)，バールフトについては，A・カニンガムの"The Stūpa of Bharhut" (1879)，B・バルアの"Barhut" (1934, 1937) として報告されてきたところである。わが国においても早くから逸見梅栄などによって着目され，とくにサーンチーについては，逸見によって『サーンチー諸塔の古代彫刻』(1932) として紹介されたのをはじめ，バールフトともども逸見の『印度古代美術―資料と解説―』(1941) に収められ研究資料として活用されてきたところである。

　しかし，現在，これらの文献を瞥見することは多くの人びとにとって難事であり，勢い仏跡関係の著作によって渇をいやしているのが現状である。中村元氏の『ブッダの世界』(1980) や樋口隆康氏の『インドの聖域』(世界の大遺跡8，1986) はサーンチーの現状と学問的な意義を簡潔に説いた好著として知られているが，それとて刊行の目的を異にしているため全容の把握には十全ではなかった。

　このたび，沖守弘氏の鮮明かつ適確な写真に懇切丁寧な伊東照司氏の解説を加えて刊行された本書は，仏教美術に関心を寄せる人びとにとっては干天の慈雨，仏教者にとっては原始仏教観の造形的理解を深める座右の書となるであろう。

　インドにおける主な遺跡には，遺跡博物館が設置され，そこに遺跡案内官が常駐し，遺跡案内書が刊行されている。サーンチーも例外ではなく，サーンチー考古学博物館が設けられ，インド考古学局によって遺跡と博物館の案内書が刊行されている。

　本書は，インドを代表する仏教遺跡の保存活用の現実を踏まえて，サーンチーとバールフトに見られる原始仏教の造形の実態を説いたものであるが，サーンチーの第一塔の塔門と欄楯に見られる彫刻群を主に，第二塔の欄楯，第三塔の塔門，さらに祠堂と僧房について解説を施した後，バールフトの塔門と欄楯について説明を加えている。

　解説は，それぞれに表現されている彫刻の主題ごとに親しく呼びかけるがごとき平易な説明であり，釈尊を憧憬する伊東氏の人柄が滲みでている文章といえよう。

　かつて，J・マーシャルの"A Guide to Sānchi"を手にサーンチーに赴き，D・ミトラ女史の"Sānchi" (1973) を入手して徘徊したことがあった。本書の見返しを見ると「巡礼の順路」が書き込まれ，同時に旧参道についても記述されている。著者がサーンチーに寄せる愛情をそこにみることができる。

　サーンチーといえば仏塔中心の解説が多いが，仏塔造営時の都ヴェーディサ（現ベスナガール）についても取り上げていることは，著者の見識というべきであろう。その地はサーンチー造営の王アショーカが夫人デーヴィーと邂逅したところであり，それなくしてサーンチーの丘にかかる仏塔が営まれることがなかったからである。かかる瑣事をも等閑視することなく説いている本書は，対象としている彫刻群の背景についての行き届いた解説とともに，まことに清清しい一書となっている。

　インドの仏跡を訪れた人，そしてこれから訪れる人，また，仏教に関心をもつ人などにとって座右の一書となることであろう。

（坂詰秀一）

論文展望

（敬称略　五十音順）　選定委員
石野博信
岩崎卓也
坂詰秀一
永峯光一

磯前順一

縄文時代の仮面

考古学雑誌　77巻1号
p. 1～p.58

本論文は，縄文時代の仮面を題材に型式と形式および形態・文様の概念水準の区別に留意し，型式自体を時期区分の指標に留まらない文化表象として理解し，それに基づいて儀礼の過程を含む土偶と仮面形式・型式間の関係を推察した。また，仮面が縄文後期前葉の西日本に起源を発し，そこから東北地方晩期まで分布域を北上させていくことなどとも合わせて，縄文時代を一括して扱う通俗的見解に対する批判を行ない，型式学を前提としながらどこまで縄文社会の豊かな広がりを把握することが可能なのか試みた。今日，土偶などの資料数の増加およびそのデータ化の進展が著しく，それ自体は喜ばしいことであるとともに，その状況に対応できていないわれわれの研究方法と目的の素朴さを露呈させている。

本論文の方法は型式学と，唯物史学の立場による共同体論に基づいており，そのうえに型式を集合表象として理解する社会学的・分析心理学的手法を取り込んだものである。これらの方法のうち型式学は諸立場からの解釈の基礎データを提供する狭義の考古学的手法であるのに対し，他のものは解釈的性格をより強く有する。考古学がひとつの学問分野の自立性を何らかの意味で主張するならば，狭義の考古学的手法の厳密化とともに，当時の社会的行為のごく一部しか伝えない考古資料をどのように解釈していくか，いいかえれば考古学における解釈という行為がどのようなものなのかを考えねばならない。われわれは型式学と原始共同体論を積極的に継承しつつも，そこに封鎖されることなく縄文社会研究の新たな今日的意義と方法を築きあげる必要がある。本論文はそのささやかな試みでもある。
（磯前順一）

前田清彦

方形周溝墓平面形態考

古代文化　43巻8号
p.25～p.37

弥生区画墓の代表である方形周溝墓は，その陸橋部（掘り残し）の数と位置により7つのタイプを抽出できる。何故数種類ものタイプが同時期に，同じ墓域で共存するのか。この点について考察してみた。

分類はa類（□）・b類（□）・c類（□）・d類（□）・e類（□）・f類（□）・g類（□）とし，それらの動向から，汎日本的に分布するa～e類と東日本に集中するf・g類に分けられ，とくに後者は初現が東海にあり畿内にはほとんど分布がない。一方，東日本で弥生Ⅰ～Ⅴ期まで盛行していたf・g類が庄内期以降激減し，代わって畿内系土器の流入に呼応してa～c類が増加する。ここに畿内系a～e類と東海系f・g類を抽出するのであり，平面形態の変化は単一の造墓集団が墓の形式を変える（真似る）のではなく，造墓集団の盛衰の結果ととらえた。

また，一定の墓域に共存する各タイプの溝の共有関係・接近関係を52遺跡で検討すると，7タイプの相関関係（言わば仲の良いものと悪いものの組合せ）に気づいた。すなわち畿内系a－b－c類の三角連鎖と東海系f－g類の2つの核となる組合せを中心として7つのタイプが結びついていた。さらに，一定墓域に登場する頻度や多数派となるタイプがa・b・c類とg類で群を抜くことを示し，庄内～布留期にかけてa・b・c類三角連鎖の中からc類が台頭してくる様相をとらえた。

すなわち，平面形態7タイプは各造墓集団の出自・系統を示し，畿内系・東海系の別，中核となり得るタイプ（＝造墓集団系列）の別が存在していた。墳墓同士の相関は背後にあった造墓集団の相関を示し，それらが幾世代にもわたる交流の結果，同じ墓域を共有した場合，各集団に踏襲された平面形態を実践した結果，異なるタイプの平面形態が共存することとなったのである。
（前田清彦）

中園　聡

墳墓にあらわれた意味

古文化談叢　25号
p.51～p.92

従来，考古学的現象とその示す意味との間の対応関係は，ア・プリオリに求められることが多かった。この反省から，本論では分析的方法も重視しつつ，考古資料の「読みとり法」の実践的な模索を試みている。

素材として九州における弥生時代の甕棺墓の諸属性（棺体・副葬品・外部施設など）をとりあげ，とくに中期後半は集中的に分析した。意識的に属性間の相関関係を多次元的に検討することを方法の基礎としたが，甕棺の型式分類を再検討したうえで，各属性間の相関を2次元マトリクスと一部は多変量解析も併用して検討した結果，多くの項目の質や有無に有意

107

な相関があり明確な秩序があることが判明した。そこで，関連する項目について，製作および取扱いにおける丁寧さ・精巧さを基準に「エラボレーションの度合」という尺度を定めた。エラボレーション度合の高低は幅があるが「レベルⅠ～Ⅴ」の5段階の「階層」が抽出でき，各レベル間は明瞭に区別できる。エラボレーションの度合として把握できる変異の幅は，中期を通じてしだいに増大し，中期後半には現象的には最大となるものである。この次元を「縦列的成層」とすれば，北部九州から周辺へ「空間的成層」というべき地理的「格落ち」もある。ただし，要素の地方的な質的変容を伴わない「格落ち」であり，一定の秩序が貫徹されている。それは北部九州エリートの政治力の行使というより，むしろ各地に広く浸透した，北部九州エリートと類似した価値観に根ざす周辺部在地エリートの「エミュレーション」の結果であると結論できた。なお，副葬品目や表示法の類似性は大陸・半島からの情報の刺激伝播であろう。

民族誌的な社会的実体に安易に言及することは，えてして考古学的に復元されるリアリティーがもつ完結性を損ないがちである。このことに留意し，なおかつ脈絡的情報を取り込むことによって解釈に妥当性を与えた。（中園　聡）

小林公治

古代集落の食生活と生業

古代　92号
p.321～p.368

考古学的な集落研究の停滞は，広く認識されるところとなっており，近年その打開に向けて生態学的アプローチをとる必要性がしばしば主張される。本稿は，こうした生態学・経済的な観点から，神奈川県西部に所在する古墳時代後期から平安時代にかけての2遺跡をケース・スタディとして取り上げ，その食生活と生業の具体的復

元と若干の考察を試みた。その際に使用した主なデータは，カマド灰層中から水選された動植物遺体，遺跡出土の生業関連遺物，および遺跡周辺の地形である。

分析の結果，内陸に位置する草山遺跡では，植物食では穀類，とくに米と粟を主食としていたこと，動物食では魚類，中でもマイワシが多く，鳥類・哺乳類は予想外に重要性が低かったことが判明した。さらに草山遺跡の生業としては，水田による稲作と，畠での粟を中心とする雑穀栽培が主たるものであったと考えられる反面，漁業は遺物・立地から本遺跡の生業でなく，魚は交換（交易）によって入手した食物であったことがわかった。

相模湾沿岸の三ツ俣遺跡では，植物食では米がベースとしてあり，これに麦類などの雑穀が補足的に食べられていた。動物食では魚類が圧倒的で，動物性タンパク質の主たる供給源であったが，それ以外に哺乳類も確実に摂取されていた。また生業としては，漁撈活動がその生業であったことは間違いないが，それ以外にも水田による稲作と畠での雑穀栽培を行なっていたこと。また狩猟についてもその生業であった可能性が高いことが明らかとなった。

このように本地域の2遺跡では，立地環境を異にするにも関わらず，穀類と魚類を中心とした食生活，農耕を主とする生業，など共通する傾向が強い。その一方で，魚類は当時すでに広く流通・消費されていたと推測される。今後，他遺跡でも同様の方法による分析を実施し，古代の経済システムを復元していく必要が高いといえよう。　　　　　（小林公治）

杉山信三

大和頭塔復原案の一つ

史迹と美術　615号
p.326～p.341

奈良市高畑にある土壇で頭塔と

呼ばれる遺跡は，呼び名である塔と解釈していいものか。これにまつわる話としては僧玄昉の頭を埋めたところというのがある。この壇の四段四面に浮彫の石刻があり，その彫法から奈良時代の制作だと判定され史跡に指定されているが，ながい間発掘されもせず論議されている。何を目的としてたてられたものか。

ところが平成2・3年度にわたり，その北半についての発掘調査が奈良国立文化財研究所によって行なわれ，その成果は研究所の年報にもられたが，本誌第34号（1991年2月）においても同じ筆者によって執筆された。礫と石とで築き7段に形成し，最上段の屋根には相輪をおいたものと推定された。

それにしても，成果として発表された図・写真を見ると仏像が安置されている所は龕になっている。その龕の表の部分から外はその龕の底面と同じ高さで，石敷になって壁から約1.5mの所から崩れる。ただし壁面の下には地覆石があり差をつける。そこで示された図に，敷面と壁面の隅角を太線で示すと全体は四段で外角がこわれていることがわかる。その所に幅広く厚い板を敷く，すなわち土居を据えるとこの龕の所ではその天井にもなる。また土居は木造塔の上層を形成する柱をたてる土台にもなる。柱をたて軒屋根を作れば四層の屋根ができ，五段目に報告による心柱の上に舎利塔を置き屋根を葺けば五層の屋根がある形になる。

五ないし四層の段にそれぞれ屋根をかけ舎利塔をおいた形のものはチベット，ラサの西，キャンツェにある白居寺の菩提塔がある。一つの屋根をかけたものは，五台山碧山寺の主堂，北京西山の戒台寺の主堂（戒台堂）にも見た。この二つは戒壇である。頭塔はチベット白居寺の塔に通じたものがあり，戒台堂にも通ずる。頭塔を後者戒壇にとれば，大野寺の土塔も戒壇となる。　　　（杉山信三）

●報告書・会誌新刊一覧●

編集部編

◆**東北横断自動車道路秋田線発掘調査報告書Ⅺ**　秋田県教育委員会刊　1991年3月　Ｂ５判　296頁

遺跡は横手盆地中央部中山丘陵に位置している。この中山丘陵に展開する窯は，当遺跡を含む竹原窯跡支群のほか城野岡・西ヶ沢・富ヶ沢の四支群からなり，当地域における古代窯業生産の中心地帯である。調査では，奈良時代の窯3基，平安時代の須恵器の窯3基が確認されている。遺物は日常の什器が主体であるが奈良時代の窯跡からは，円面硯・風字硯，鉄鉢模倣の須恵器が出土しており本窯跡の性格を考える上において興味深い。時代は，上限が近隣の硯沢窯跡に類例が求められることから8世紀中葉に，下限は9世紀後葉に位置づけられている。

◆**白石大御堂遺跡**　群馬県埋蔵文化財調査事業団刊　1991年3月　Ａ４判　491頁

白石大御堂遺跡は，群馬県の南部藤岡市街地の西方，藤岡市大字白石字大御堂・前原・上谷戸地内に所在する中世の園池を伴う寺院址を中心とした遺跡である。寺域は，寺院址の区画をなすと考えられる土塁，溝遺構の範囲により東西84m，南北78mと想定され，伽藍配置は，寺域内に配された園池遺構から寝殿造式伽藍配置と推察されており，類例遺跡との比較検討も行なっている。また寺院の創建年代は瓦・陶磁器・土師器などの出土遺物により13世紀中～後半，廃絶年代は，15世紀と考えられている。

◆**城之腰遺跡**　新潟県教育委員会刊　1991年3月　Ａ４判　364頁

新潟県の中南部，小千谷市の信濃川西岸の段丘地に位置し，縄文時代中期から後期の集落跡を中心とする複合遺跡。検出された遺構は，縄文時代中期から後期にかけての竪穴住居跡83軒，埋設土器80基，フラスコ状土坑を中心とする多数の土坑，平安時代の土坑などであり，遺物は旧石器時代の石器，縄文時代早期から晩期の土器，土偶，土器片円盤，石鏃・尖頭器などの石器，土師器，須恵器，中世陶器などが出土している。

◆**能登滝・柴垣製塩遺跡群**　富山大学人文学部考古学研究室刊　1991年7月　Ｂ５判　187頁

古代における塩田と鉄釜による煎熬炉との複合した製塩遺跡である。時期は，最下層塩田が8世紀前半に位置づけられ，平底形製塩土器が塩田による採鹹と鉄釜による煎熬を伴って出現することが確認されている。製塩という古代手工業生産の形態の一部が解明された貴重な報告である。また本報告には，北陸土器製塩の研究史および珠洲市の無形文化財で日本唯一カ所の揚浜式塩田の民俗例も調査されており合わせて興味深い。

◆**宇治二子山古墳**　宇治市教育委員会刊　1991年3月　Ｂ５判　293頁

本古墳は京都府宇治市の東部の南端部に位置する古墳時代中期の円墳と方墳の調査報告である。円墳は規模が径約40m，墳丘の高さが約4.3mである。主体部は木棺直葬の中槨，粘土槨の東槨，西槨の3基があり，中央槨からは武器，農工具，東槨からは農工具，西槨からは仿製神獣鏡と多数の玉類，甲冑一式，武器などが出土している。方墳は南北28m，東西34mほどの長方形で高さが約4.3m。主体部は箱形木棺直葬で仿製鏡，多数の玉類，短甲・挂甲・衝角付胄などの甲冑類，馬具などが出土している。また付編として甲胄，埴輪，馬具，周辺の古墳についてのまとめを載せる。

◆**埼玉考古学論集**　埼玉県埋蔵文化財調査事業団刊　1991年3月　Ｂ５判　1007頁

観察と記録……………田中英司
型式と編年……………大屋道則
型式学的変化と情報理論
……………岩田明広
南関東地方における武蔵野台地第Ⅳ下層～第Ⅶ層のナイフ形石器
……………西井幸雄
中砂遺跡出土の削片から
……………川口潤
彫刻器の基礎的研究(一)
……………水村孝行
「本の木論争」から学ぶもの(一)
……………栗島義明
表裏縄文系土器群の研究
……………中島宏
夏島式土器及び稲荷台式土器について……………宮崎朝雄
茅山上層式土器の再検討
……………金子直行
神ノ木式土器研究ノート
……………奥野麦生
縄文時代前期中葉の一様相
……………細田勝
土器群の変容………鈴木敏昭
浮島式土器の成立と展開
……………佐藤典邦
勝坂式土器の変形にかかわる二三の要素………谷井彪
異系統土器の進入と在地土器の変転………橋本勉
大宮台地における縄文時代後期末から晩期初頭の土器群について
……………新屋雅明
関東地方における大洞C_2式系土器群………村田章人
土偶の製作技法……浜野美代子
みみずく土偶の分布と前頭部の装飾について…………吉川國男
「環状」集落考………石塚和則
「Ｔピット」について…石岡憲雄
大宮台地の弥生時代後期土器様相
……………西口正純
弥生石器の生産と管理
………富田和夫・中村倉司
関東地方の環濠集落……劔持和夫
方形周溝墓と儀礼………福田聖
パレス文様小型高坏にみる外来系土器の一様相………山川守男
和泉式土器の成立過程とその背景
……………坂野和信
古墳時代後期の土師器生産と集落

恭仁宮跡の現状と今後の展望
……………………久保哲正
遺跡の保存と整備について
……………………山口 博
生涯学習と文化財……安藤信策
考古学を楽しくしよう…佐原 眞
◆土曜考古 第16号 土曜考古学
研究会 1991年9月 B5判 177頁
「新巻類型」と「焼町類型」の文
様構成……………山口逸弘
称名寺式の変化と文様帯の系統
……………………鈴木徳雄
和泉式土器の成立について
……………………坂野和信
律令時代の身分表象(Ⅱ)
……………………田中広明
武蔵国における渡来人の軌跡
……………………中村倉司
倭人伝の「妻子」から「倭」へ
……………………笹森健一
◆研究紀要Ⅴ 君津郡市文化財セ
ンター 1991年9月 B5判 262頁
富士見台遺跡出土の縄文土器につ
いて……………酒巻忠史
千葉県南部におけるベット状遺構
について……………蓑島正広
西上総における古墳時代中期の玉
作……………山本哲也
重圏文（倣製）鏡小考…藤岡孝司
小櫃の一首長墓をめぐる考察
……………………小沢 洋
鈴付須恵器の一例………光江 章
内裏塚古墳群研究再論…小高幸男
横穴式石室の受容と変革
……………………椙山林継
房総における帆立貝式古墳につい
て……………大崎紀子
『續日本紀』宝亀三年七月辛丑を
めぐって……………関口達彦
西上総における奈良・平安時代の
出土文字資料………田形孝一
永吉台遺跡群（西寺原地区）の土
器焼成遺構出土土器…豊巻幸正
不特定多数の溝状遺構について
……………………甲斐博幸
◆古代 第92号 早稲田大学考古
学会 1991年9月 B5判 394頁
神奈川県における考古学研究と早
稲田大学……………日野一郎
「寺尾式土器」の再吟味
……………………鈴木正博
石鏃と有舌尖頭器の衝撃剥離

私市円山古墳出土胡籙とその系譜
……………………松井忠春
鉄製工具・農具副葬の背景
……………………鍋田 勇
前方後円墳の伝播………平良泰久
私市円山古墳と以久田野古墳群
……………………石井清司
5世紀の丹波と西日本……細川康晴
由良川中流域の弥生時代中期の集
落遺跡について………田代 弘
住居の配置と通路………岩松 保
6世紀後半の土器組成からみた石
本遺跡……………辻本和美
中世墓域に伴う建物……森島康雄
篠窯跡群……水谷寿克・岡崎研一
篠・西長尾奥第2窯跡群1号窯覚
書……………引原茂治
篠原型須恵器の分布について
……………………伊野近富
南丹波の古代末期瓦生産の一様相
……………………森下 衛
淀川流域の旧石器文化の一様相
……………………中川和哉
京都府南部の縄文時代遺跡
……………………長谷川達
亀岡盆地の縄文土器……柴 暁彦
上人ヶ平遺跡
……………小山雅人・石尾政信
上人ヶ平古墳群における小規模な
方墳について………伊賀高弘
「低墳丘方形墓」考……小池 寛
古代の道路と瓦の運搬
……………………高橋美久二
京都府下近年出土の鏡に就いて
(2)……………樋口隆康
京都府の形象埴輪………小山雅人
山背の古道と寺院跡について
……………………磯野浩光
近年の重要遺跡・遺物の発見と古
代史研究……………和田 萃
日本の考古学この10年
……………………都出比呂志
草創期の敲石類集成……黒坪一樹
掘立柱建物の造営技術…竹井治雄
9世紀の平安京における堀川と鴨
川堤をめぐって………足利健亮
藤氏長者宣の研究(1)……土橋 誠
棟札を読む……………福田敏朗
京都府の埋蔵文化財・調査研究セ
ンターこの10年………中谷雅治
志高・私市・篠・上人ヶ平
……………………堤圭三郎

への供給…………田中広明
埼玉における古代窯業の展開
……………………高橋一夫
逆刺独立三角・柳葉形鉄鏃の消長
とその意義………関 義則
双脚輪状文と貴人の帽子
……………………若松良一
大刀の佩用について……瀧瀬芳之
北武蔵出土の銅鏃……大谷 徹
いわゆる「古墳出現期」認識の方
法について………利根川章彦
埼玉政権の法量的分析……増田逸朗
埼玉県における後期古墳について
……………………山本 禎
荒川中流域沿岸の古墳について
……………………塩野 博
伽耶における古墳の変遷とその問
題点（予察）………岡本健一
古代北武蔵地域におけるミヤケ研
究への一視点………宮瀧交二
入間郡と高麗郡の古代寺院
……………………昼間孝志
郷家に関する一試論……井上尚明
武蔵国における中世成立期の煮炊
土器小考……水口由紀子
中世遺跡の土器組成における問題
……………………浅野晴樹
板碑に関する二三の観察
……………………栗原文蔵
石組みの井戸跡について
……………………鈴木孝之
◆京都府埋蔵文化財論集 第2集
京都府埋蔵文化財調査研究センタ
ー刊 1991年3月 B5判 515頁
志高遺跡………水谷寿克
若狭湾中西部地域における縄文前
期初頭の一様相………三好博喜
丹後地域の弥生墓域……肥後弘幸
京都府北部の貼り石方形墳丘につ
いて……………野島 永
京都府出土の装飾器台……岸丘貴英
丹後地域にみる布留式甕と前期古
墳の分布について……杉原和雄
丹後半島の大型前方後円墳
……………………奥村清一郎
龍鈕を持つ鏡………鵜島三壽
案の系譜…………戸原和人
須恵器出土の木棺直葬墳
……………………石崎善久
丹後の横穴式石室……森 正
丹後の古代鉄生産……増田孝彦
私市円山古墳…………竹原一彦

…………………………御堂島正
縄文時代における異系統土器群流
入の実相…………………山本暉久
神奈川県加曾利E式後半編年の再
検討………………………柳澤清一
神奈川県の縄文時代遺跡分布とそ
の変遷……………………長岡史起
神奈川「宮ノ台」以前…谷口　肇
弥生の路・古墳の路……西川修一
古墳時代後期土器の生産について
……………………………長谷川厚
古代集落の食生活と生業
……………………………小林公治

◆立正史学　第70号　立正大学史
学会　1991年9月　A5判　66頁
歴史考古学の構想………坂詰秀一

◆立正考古　第30号　立正大学考
古学研究会　1991年3月　B5判
112頁
いま，「前方後円墳」が面白い
……………………………坂詰秀一
直弧文系倣製鏡について
……………………………池上　悟
東京都品川区仙台坂貝塚の再検討
……………………………近野正幸

◆中世城郭研究　第5号　中世城
郭研究会　1991年8月　B5判
190頁
北海道の館………………八巻孝夫
好島荘の中世城郭………斎藤慎一
　　　　　　西股総生・松岡進
小野城をめぐって………三島正之

◆江戸在地系土器の研究　I　江
戸在地系土器研究会　1991年7月
B5判　149頁
江戸における近世瓦質・土師質煨
炉について………………小林謙一
江戸遺跡出土の瓦灯について
……………………………鈴木裕子
江戸遺跡に見る土人形・安芸毬子
釜形製品と江戸在地系土器の展開
……………………………両角まり
型抜き遊びについて…松井かおる
ロクロ成形の焼塩壺に関する一考
察…………………………小川　望

◆考古学雑誌　第77巻第1号　日
本考古学会　1991年9月　B5判
128頁
縄文時代の仮面………磯前順一
ソ連，山地アルタイの石器製作の
特殊な技法………………藤本　強
新井白石の石鏃観……佐々木和博

◆信濃　第43巻第9号　信濃史学
会　1991年9月　A5判　86頁
長野県出土の平安時代の輸入陶磁
器…………………………原　明芳

◆Mie history vol. 3 三重歴史文
化研究会　1991年9月　B5判
83頁
三重県出土のいわゆる紡錘車の形
態とその時期……………河北秀実
伊勢の淡輪系円筒埴輪…鈴木敏則
三重の中世食生活文化を垣間見る
……………………………新田　洋

◆古代文化　第43巻第7号　古代
学協会　1991年7月　B5判 58頁
宇部台地における旧石器時代遺跡
　　　…山口県旧石器文化研究会

◆古代文化　第43巻第8号　1991
年8月　B5判　62頁
方形周溝墓平面形態考…前田清彦
遺跡群調査の先駆的な試み
……………………………村田文夫
動物考古学十選(1)………鈴木克彦

◆古代文化　第43巻第9号　1991
年9月　B5判　70頁
特集「中国秦漢時代の出土文字資
料」に寄せて……………永田英正
秦漢時代の石刻資料……角谷常子
秦漢時代の簡牘資料……藤田高夫
秦漢期の帛書の出土と研究の紹介
……………………………大川俊隆
帛書地図…………………辻　正博
『帛書』とその周辺…相川佳予子
秦漢の瓦塼文刑徒墓誌…船越　信
陶器・瓦…………………江村治樹
漢長安未央宮3号建築遺跡出土の
骨片刻銘…………………佐原康夫
秦漢金文の研究視角……岡村秀典

◆考古学研究　第38巻 第2号　考
古学研究会　1991年9月　A5判
140頁
西日本における縄文時代前期初頭
の土器様相………………井上智博
様式と型式………………贄　元洋
鉄鋌の重量再考………村上英之助

◆研究論集　16　九州歴史資料館
1991年3月　B5判　87頁
短甲の修復例……………横田義章
観世音寺出土の扁行忍冬唐草文軒
平瓦………………………栗原和彦
朝鮮製無釉陶器の流入…赤司善彦
経筒三例…………………宮小路賀宏

◆九州旧石器　第2号　九州旧石

器文化研究会　1991年9月　B5
判　10頁
平戸諸島における旧石器文化の諸
様相………萩原博文・加藤有重
南九州における「ナイフ形石器と
細石刃核の共伴例」について
……………………………富田逸郎
九州の礫群等に関する覚書
……………………………徳永貞紹

◆貿易陶磁研究　No.11　日本貿
易陶磁研究会　1991年9月　B5
判　261頁
東南アジアの9−11世紀貿易陶磁
器…………………………山本信夫
マレーシア・ブルネイ・タイ出土
の貿易陶磁11世紀末−14世紀初
……………………………森本朝子
東南アジア島嶼部出土の貿易陶磁
器…………………………青柳洋治
タイ南部・コーカオ島とボー岬出
土の陶磁器
……　何翠媚　田中和彦　訳
沖縄出土のタイ・ベトナム陶磁
……………………………金武正紀
大宰府出土のタイ・ベトナム陶磁
……………………………横田賢次郎
博多出土のタイ・ベトナム陶磁
……………………………有島美江
畿内とその周辺出土の東南アジア
陶磁器……………………森村健一
福島県出土の貿易陶磁
……………………………中山雅弘
東京都江戸遺跡出土の明末清初の
陶磁器……………………堀内秀樹
日本出土の吉州窯陶器について
……………………………亀井明徳

◆古文化談叢　第25集　九州古文
化研究会　1991年7月　B5判
182頁
鹿笛考2…………………正林　護
土器様式伝播考…………澤下孝信
原始家屋における丸太材の組立技
法に関する一理解……山本輝雄
墳墓にあらわれた意味…中園　聡
古代土師器甕形土器の型式学的検
討…………………………中村直子
佐賀県基山町伊勢浦池西岸の出土
遺物………………………中村　勝
漢代画像石墓の構造と変遷
……………………………山下志保
北部地域加耶文化の考古学的考察
……　金鍾徹　竹谷俊雄　訳

考古学界ニュース

編集部編

九州地方

縄文中期の動物遺存体多数 熊本県教育委員会が発掘を行なった同県下益城郡城南町下宮地の黒橋貝塚で縄文時代中期の土器・石器のほか，多種多彩な動物遺存体など数万点が出土した。今回河川改良事業に伴い，平成元年から約1,200㎡を調査した結果，ドングリを貯蔵したピット70基のほか，完形を含む阿高式土器・南福寺式土器片多数，磨製石斧などの石器，骨角器，耳飾や首飾などの装身具類が発見された。とくに注目されるのがクジラやイノシシなどの哺乳類，スズキ・ボラ・マダイ・ハマグリなどの魚貝類，さらに鳥類など多彩な動物遺存体で，九州でも最大規模の貝塚とみられている。

鞠智城跡から八角形の建物跡 熊本県教育委員会が発掘調査を進めている同県鹿本郡菊鹿町米原の鞠智城（くくちじょう）跡で八角形の建物跡（八角円堂）2棟が発見された。直径0.9mの心礎を中心に，同心円状に三重に八角形の掘立柱跡がみつかったもので，建物の直径は約9m。柱穴の直径は50～60cmとみられ，心柱の存在から多層の塔とみられる。2棟のうち1棟は建て直されていることがわかった。同城跡ではこれまで26棟の倉庫群がみつかるなど大規模な山城であることがわかっているが，仏教との関連が深い多角形の建物がみつかったことで，大野城市の大野城と深い関係にある朝鮮式山城であることが裏づけられた。鞠智城は7世紀ごろ，防衛のため大野城や基肄城とともに造られたとされている。

4世紀の豪族居館 八女市教育委員会が発掘調査を進めている同市酒井田の深田遺跡で古墳時代前期の豪族居館が発見された。居館跡は東西約70m，南北約60mの大きさで，四方を溝に囲まれている。環濠はU字溝で，幅2～4m，深さ1～1.5m。四隅には方形突出部（幅5m）があり，物見櫓が建っていた可能性がある。また環濠東西中央部には居館に出入りするためか突出部もある。溝からは4世紀初頭とみられる土師器の壺や甕の破片多数が出土した。同遺跡は同時期の居館である大分県小迫辻原遺跡を上回る大規模なもので，筑紫君の系譜をたどる上で興味深い。

右腕に10個の腕輪 福岡市早良区東入部の東入部遺跡で福岡市教育委員会による発掘調査が行なわれ，弥生時代中期前半の甕棺から銅製腕輪10点が出土した。腕輪はいずれも内径5.5cmの円環型のもので，出土状態からみて成人（性別不明）の右腕に付けられていたらしい。1つの墓から出土した円環型の銅製腕輪としては宇木汲田遺跡の2例に次いで3番目の多さで，埋葬されたのはリーダークラスかシャーマンであったと推定される。同遺跡からは弥生時代前期後半から中期後半までの甕棺130基と木棺，土壙墓32基がみつかり，銅剣，鉄剣，鉄刀，鉄矛，素環頭刀子，鏃など金属製品の出土が多いのが特徴。

那津官家跡の大型倉庫群 福岡市教育委員会が発掘調査を進めている市内博多区博多駅南の比恵遺跡（第39次調査）で那津官家の一部とみられる大型倉庫と柵の跡がみつかった。発掘されたのは直径30～40cmある柱16本で支えられた大型倉庫（東西6m，南北5m）2棟分の一部と，それを囲む柵（幅2m）で，出土した土器からみて6世紀後半から7世紀後半の建造とみられる。①倉庫が大型，②柵で厳重に管理されている，③倉庫，柵ともに方位に沿って整然と配置されている――などから『日本書紀』にも記載されている那津官家の一部とみられる。那津官家は朝鮮半島で高句麗が南下したことから有事の際に設けられた食料基地で，軍事拠点でもあったとみられている。同遺跡の付近ではこれまでに2カ所で同時代，同方位の倉庫跡がみつかっており，官家の倉庫群がいくつかのグループにわかれ，大規模に広がっていたことがわかる。

6世紀の埴輪窯跡 北九州市埋蔵文化財調査室が発掘を進めていた同市小倉南区東貫2丁目の潤崎遺跡で6世紀中ごろから後半の埴輪を焼いた窯跡がみつかった。窯本体の大部分が後世に削られていたが，全長5～8mほどの登窯と推定され，一度に50～60個の埴輪が焼かれたとみられている。灰原などから高さ70～80cmの円筒埴輪片約300点と，武人像埴輪の破片数点が出土，この窯跡から約500m離れた前方後円墳・畠山古墳から出土する円筒埴輪と特徴が一致することから，同遺跡の窯で焼かれた埴輪の供給先とみられる。九州では埴輪そのものの発見例が少なく不明な点が多かったが，今回の調査で埴輪の自給体制が確立していたことが証明された。

四国地方

入墨のある弥生土偶 高松東道路建設に伴い香川県埋蔵文化財調査センターが発掘調査を進めている香川県大川郡志度町鴨部の鴨部・川田遺跡（東西60m，南北70mの環濠集落）で弥生時代前期末とみられる土偶が発見された。土偶はこの遺跡をとりまく環濠の北西部から弥生土器や木器，獣骨などとともに出土したもので，長さ11cm，幅6.5cmの頭部で，首から下は折れて性別不明。目の下と口の周囲には入墨を表現したと思われる線刻があり，赤色顔料が施されていた。入墨は耳の上下に

ある2本の穿孔とともに東海・関東地方に多い有髭土偶の特徴で，西日本の土偶とは異なっている。また頭部中央には縦方向の盛り上がりをもっており，当時の頭髪を知る手がかりとなる可能性がある。

―――――近畿地方

弥生期の導水管 （財）大阪文化財センターが発掘を行なった八尾市福万寺町の池島・福万寺遺跡で弥生時代後期に使用された川の水を水田に引く木製の導水管が出土した。幅11mの河川跡の堤防から出土した導水管は全長4.1mで，ヤナギの木管（長さ2.1m，直径32〜83cm）にカシの木管（2.4m，36〜82cm）をはめ込む形で接続され，堤防に斜めに埋め込まれていた。川を長さ3mの木製の杭数百本で堰き止めて水位を上げ，川底から約80cmの土中に埋められた導水管の中に水を通して反対側の水路に上げる仕組。カシの管の内部は炭化しており，焼きながら割り抜いたもので，一方ヤナギには炭化痕がなく，初めから空洞のものが利用されたらしい。取水口の方の管は詰まって水が流れない状態になっており，ごく短期間に使用不能になったと推定されるが，導水管を用いるような灌漑技術は近世まで見つかっておらず画期的なもの。

高井田横穴墓に二上山産石材 総数200〜300基にのぼるとみられる柏原市高井田の高井田横穴群（6世紀中葉〜7世紀初頭）で，蓋だけを7km離れた二上山麓から運び込んだ特異な石棺が柏原市教育委員会の発掘で確認された。この横穴墓は玄室が3.1m×2.7m，高さ1.5m以上，天井はドーム型で，石棺は玄室の東壁に沿って造り付けてあり，長さ2.4m，幅1m。工具の跡が残り，内面には朱が塗ってあった。蓋は2枚に

わかれ，それぞれ四辺を面取りして内側は凹面状に加工されていた。蓋は奈良県立橿原考古学研究所の奥田尚研究嘱託員の調査により，奈良県境に近い太子町の二上山麓の牡丹洞とよばれる切出し場から運ばれたことがわかった。牡丹洞産の石材は奈良県藤ノ木古墳，太子町蘇我石川麻呂墓，河南町の金山古墳などの棺に使われており，天皇家が有力豪族にのみ，その使用を認めていたと考えられる。この横穴墓では石材は他にいくらでもあるのにわざわざ遠方の牡丹洞産を使っているのは天皇家から下賜されたとみるのが自然という。この横穴墓の西隣の墓では木棺を置いたとみられる棺台を造り付け，台の周囲には排水溝を掘りめぐらせており，多彩な埋葬形態の存在がうかがわれる。

大環濠をもつ高地性集落 高槻市古曽部町5の古曽部遺跡で高槻市立埋蔵文化財調査センターによる発掘調査が行なわれ，1世紀後半の高地性集落が発見された。同遺跡は天神山丘陵の標高60〜90mに位置する。環濠は南北に延びる西側尾根を囲むように延び，深さ約3〜5m。40〜60°の急斜面にU字形に掘られていた。付近からは一辺4〜7mの方形や円形の竪穴住居跡25軒がみつかったが，うち14軒は環濠に囲まれた西側尾根に集中していた。また内側の最も高い標高90mの場所に2基1組になった木棺墓4基がみつかった。最大の墓壙は3.7m×2mで，4基とも木棺の内側に塗られたらしい朱の痕がみつかった。さらに住居跡などからは摂津Ⅴ―〇様式の多量の土器や長さ18cmの板状鉄斧，鉄鏃，石鏃，石包丁などが出土した。環濠は吉野ヶ里遺跡とほぼ同規模で，その必要がないほど急斜面なのに二度にわたってつくり直されていることから，当時厳しい緊張状況にあったことがわか

る。

天武5年の文書木簡 滋賀県野洲郡中主町西河原の湯ノ部遺跡で滋賀県教育委員会による発掘調査が行なわれ，「丙子年」（天武5年＝676）の年紀をもつ飛鳥時代後期の文書木簡1点が出土した。木簡は同時代の須恵器，土師器と一緒に出土したもので，長さ27.4cm，幅12〜10.5cm。中央がふくらんだ特異な形で，材質は檜。（側面）「丙子年十一月作文記」（表面）「牒玄逸去五月□□□蔭人 自従二月已来□□□□養官汀 久蔭不潤□□ □蔭人」（裏面）「次之□□丁□□□□ 壊及於□□□□人□ 裁謹牒也」と70数文字がある。内容は官丁の職にある地方豪族の子弟の玄逸が蔭人の資格を持っているのに登用されないことについての不満を訴えたもので，律令時代の文書様式である公式令に従った書式をとっており，689年の飛鳥浄御原令施行以前にすでに基礎的な制度が出来あがりつつあったことをうかがわせる資料として貴重なもの。

安土城大手道の基本構造が判明 平成元年から20年計画で滋賀県教育委員会が安土城跡調査・整備委員会（上山春平委員長）を中心として調査を進めている滋賀県蒲生郡安土町下豊浦の特別史跡・安土城跡で長さ131mにも達する直線の大手道が確認され，安土城の雄大さを裏づけた。同調査ではこれまで伝羽柴秀吉邸跡から門口9mの櫓門跡や金箔瓦がみつかっており，大手道も幅約9m，長さ106mに及ぶ直線を含め計136mにも達することがわかっていた。平成3年度の調査の結果，大手道の下部がさらに約25m延び，上部では七曲りになって長さ70m続くことが判明，総延長で計231mになった。また黒鉄門付近の瓦溜りから大量の瓦が出土，ここには桐

113

考古学界ニュース

紋鬼板瓦をはじめ金箔瓦の破片が7点含まれており，伝武井夕庵邸跡の1点を含めて計13点となった。これで安土城の大手道の基本的な構造が判明した。

―――――――――――中部地方

石室3基の方墳　可児市川合の木曽川左岸近くにある次郎兵衛塚1号墳で可児市教育委員会による発掘調査が行なわれた結果，一辺30m，高さ6mの東海地方でも最大級の方墳であることがわかった。同墳は二段築成，全面葺石でおおわれている。南面する長さ15m，幅2.2mの主石室を中心に，東西同一方向に1基ずつの副室があり，珍しい一墳丘内に3石室の古墳。盗掘されていたが，どの石室からも須恵器が出土し，7世紀の築造であることがわかった。また小片ながら凝灰岩製の家形石棺の破片もみつかった。次郎兵衛塚1号墳を含む川合古墳群ではさらに稲荷塚1号墳の調査も行なわれ，全長12mの横穴式石室を有する直径21m，高さ3.3mの円墳であることがわかった。土器のほか，直刀・斧・鉾・鏃などの鉄器類，100点近い玉類や金環2点が出土した。

那古野城跡から薬研堀　愛知県埋蔵文化財センターが発掘調査を行なっている名古屋市中区の名古屋城三の丸遺跡で那古野城の一部とみられる6条の堀跡が発見された。堀はほぼ東西に走る長さ68mのものをはじめ，いずれも断面が鋭いV字形をなす薬研堀で，最大のものは幅4m，深さ4mあった。出土遺物からみて時期は16世紀中頃で，当時の那古野城の東南端の一角とみられ，複雑に組み合った堀は城館群を仕切る役目と防衛上の役割を兼ね備えていたらしい。堀はその後埋め戻され，17世紀に名古屋城が築造されることになる。那古野城は今川氏豊によっ

て1521年ごろ築城され，織田信長が生まれた城とされている。

5世紀の古墳から武具一式　小矢部市埴生字谷内の谷内（やち）古墳群21号墳で小矢部市教育委員会による発掘調査が行なわれ，短甲2領をはじめ，盾や草摺など副葬品の武具一式がそっくり発見された。5世紀前葉の同古墳は直径約30mの円墳で未盗掘。主体部は長さ9.9m，幅80cmの割竹形木棺。木棺からの副葬品は東から黒漆塗りの革盾（110cm×60cm），一部黒漆塗りの矢柄，黒漆塗り革草摺，頸甲，肩甲，鉄刀（長さ90.5cm），鉄鏃，黒漆塗り三角板革綴短甲，肩甲，頸甲，黒漆塗りの堅櫛，鉄剣（長さ56.5cm，72.5cm），黒漆塗り長方板革綴短甲，一部黒漆塗りの矢柄，鉄鏃の順。形式の違う短甲が1つの埋葬施設から出土したのは珍しい。

縄文晩期の植物遺存体　新潟県西蒲原郡巻町教育委員会が発掘調査を進めている同町福井の御井戸（おいど）遺跡で，縄文時代晩期後葉の泥炭層からもみ殻14粒とコンテナ100箱を越す植物遺存体が発見された。もみは現代のものより細長いのが特徴。植物遺存体は大量のトチの実の殻，クルミなどの木の実で，その他晩期後葉の特徴を示す土器片，石鏃，石斧，磨石や漆を塗った櫛の一部，昆虫の羽なども数多く出土した。また丸木杭3本と少し大型の杭1本，長さ1.6m，幅20cmの横木1本が矢垂川とほぼ直角をなして一直線上に並んでいた。さらに約30m離れた地点には1本の杭と3本の矢板の列があったことから水田遺構の可能性もある。

―――――――――――関東地方

奈良〜平安期の寺院跡　埼玉県大里郡江南町栄のゴルフ場造成に伴い，江南町千代遺跡群発掘調査会（柳田敏司調査団長）が試掘調

査を行なったところ，古代寺院（寺内廃寺）の存在がわかり，正式な発掘調査が開始されている。調査では北側に礎石15個，それより南方30mに17個の礎石，さらに20m南方にはピット状遺構6ヵ所があり，これら3ヵ所の建物遺構が南北の一直線上に並んでいたことから，南から中門，金堂，講堂と並ぶ薬師寺式の伽藍配置をもつ古代寺院跡と推定された。また塔の可能性のある遺構や周囲120m四方に築地塀とみられる土の高まりもある。さらにこれらの遺構を囲む幅6mの溝も発見され，一辺540m前後の寺領境界を示すものとみられる。付近からは八葉蓮弁軒丸瓦や「東院」の墨書文字のある須恵器杯，土製の塑像が出土しており，9世紀から10世紀前半にかけての古代寺院跡と考えられる。また同地で活躍した壬生吉志氏との関連も興味がもたれる。

生実城跡から人骨　千葉市生実町の生実（おゆみ）城跡で，千葉市文化財調査協会による発掘調査が行なわれ，戦国時代の人骨がほぼ完形のまま出土した。人骨は深さ約3mの地下式横穴2基から4体出土したもので，20代と40〜50歳代の女性人骨2体はほぼ完形で，残り2体はみけんから後頭部にかけて鉄鏃が刺さったままの30代の女性と，刀で首を切られた40代の男性だった。このほか，馬1頭の骨が完全な形で出土した横穴もあった。体高約1.4mで，戦闘で死んだ後，埋葬されたとみられる。生実城は戦国時代後半の武将原氏が築いたとされている。

住居跡や古墳多数　つくば市の中台遺跡群で発掘調査が行なわれ縄文時代中期のフラスコ状土壙群や縄文後・晩期の住居，土壙群および弥生時代後期の住居跡，さらに古墳時代前期の住居群，同後期の前方後円墳や円墳が約40基検出された。とくに古墳群内の横穴

114

式石室からは金銅製の大刀，剣，刀子，鉄鏃やガラス玉，水晶製切子玉，琥珀製玉などの遺物のほか金銅製の馬具も出土している。ほかに平安時代の住居跡から多数の土師器・須恵器も発見された。

円筒埴輪に動物飾り　前橋市教育委員会が範囲確認調査を行なっていた同市西大室町の国指定史跡・後二子古墳（前方後円墳）から側面に動物の飾りをつけた円筒埴輪が出土した。発見されたのは子供を背負う猿としっぽを巻いた犬の2体で，猿は全長9.1cm，犬は全長11.6cm。猿は口径27cm，推定高53.5cmの円筒埴輪の最上部に貼りつけられていたが，犬は埴輪からはがれていたため，同一の円筒埴輪に付いていたかどうかは不明。埴輪が出土したのは前方部基壇北側で，動物などのミニチュア飾りは全国で30数例あるが，側面についた例はない。同古墳は6世紀中ごろから後半にかけて造られたとみられる。前橋市では同古墳を含む大室三古墳一帯を大室公園として整備する予定。

東北地方

常滑突帯壺や近世鋳物工房跡
福島県伊達郡川俣町教育委員会が発掘を進めている同町の河股城跡で，中世陶磁器と近世の鋳造工房跡が発見された。1,000m²の狭い範囲でありながら13～14世紀の常滑窯三口鉢・大甕など16点が出土したが，そのうちの小型壺は頸部下位に突帯を貼りつけた珍品である。鋳造遺構は甑炉基礎3基や物原層からなり，梵鐘・獣脚・小仏像などの鋳型と炉体，鉄・銅滓など約10トンの遺物量がある。江戸の鋳工粉川松之助銘鋳型があり，文政年間ごろの出吹き遺跡であることがわかった。なお継続調査は平成5年の見込み。

北海道地方

高さ45cmの大型須恵器　札幌市北区の旧北大第二農場跡遺跡では平成3年10月まで2年間にわたって札幌市埋蔵文化財センターによる発掘調査が行なわれたが，そこで出土した須恵器の破片がこのほど復元され，高さ，最大直径とも45cmと道内では最大級の大きさであることがわかった。この須恵器は丸底で，叩目痕が内・外面に縦に走っているのが特徴で，8世紀末から9世紀初頭のものとみられている。生産地は本州とみられているが，産地と流通ルートの解明のため，奈良教育大学で分析されることになった。なお同遺跡からは7～12世紀の擦文時代の竪穴住居跡24軒と甕などの土器約2万点が発見されている。

学界・その他

滝口　宏氏（早稲田大学名誉教授，女子美術大学理事長，目白学園女子短期大学学長，東京都文化財保護審議会会長）
1992年1月30日，くも膜下出血のため，東京都新宿区の病院で死去された。享年81歳。氏は1910年東京都生まれ。早稲田大学文学部史学科を卒業，早稲田大学教育学部教授を経て現職。千葉県金鈴塚古墳，同稲荷台古墳など多くの発掘を指導し，日本考古学協会委員長もつとめた。著書・編に『古代の探求』『土中の文化』『はにわ』（共）『上総金鈴塚』『上総国分寺』『武蔵国分尼寺』などがある。

日本考古学協会第58回総会　5月23日（土）・24日（日）の両日，甲府市の山梨学院大学を会場に開催される（JR中央本線酒折駅下車，徒歩3分）。1日目は総会（委員選挙，会長選出など）と講演会，2日目は研究発表会と図書交換会が行なわれる。公開講演は次のとおり。

大塚初重：東国の積石塚古墳について
渡辺直経：考古学と自然科学
「曽侯乙墓」展　日中国交正常化20周年を記念して東京国立博物館において開かれている（3月17日～5月10日）。曽侯乙墓（そうこういつぼ）は中国湖北省随県（現在は随州市）で発見された戦国時代前期（紀元前5世紀）の墓で，ここに葬られていたのは副葬品に刻まれた銘文から楚に服属する曽という侯国を治めていた乙という人物で，大量の副葬品が良好な保存状態で出土している。今回展示されるのは発掘された多種多様の青銅器，漆器，玉器，金器など87件132点で，とくに長さ11mにもおよぶL字型の架に大小65個の鐘が上下3段に吊るされた巨大な編鐘は注目され，この編鐘などの古代楽器の複製品による演奏会も毎日数回行なわれる。

「科学の目でみる文化財」展
3月20日より佐倉市の国立歴史民俗博物館にて開催されている（5月17日まで）。同展は自然科学的研究がどのように実践され，そして何をめざそうとしているのかを，研究成果とそれに使用された光学顕微鏡，赤外線テレビ，CTスキャナー，電子顕微鏡などの科学機器との展示構成によってわかりやすく紹介するもの。鉛同位体比で探る青銅器の産地，漆紙文書の解読，鉄剣に記された文字，3次元グラフィックによる古墳の地形復元などにわけて構成される。

前号の写真提供者一覧（115頁）で次の方々のお名前が落ちておりました。お詫びいたします。（敬称略）
桐生正一，北海道埋蔵文化財センター

■第40号予告■

特集　古墳の形の謎を解く

1992年7月25日発売
総112頁　2,000円

古墳の形が意味するもの……………石野博信
古墳の形
　　前方後円墳…………………………宮川　徏
　　帆立貝式墳…………………………木下　亘
　　前方後方墳………………………赤塚次郎
　　円　墳………………………………泉森　皎
　　方　墳……………………………平良泰久
　　上円下方墳………………………金子裕之
　　八角形墳…………………………脇坂光彦
古墳の形と古墳群
　　西都原古墳群……………………北郷泰道
　　おおやまと古墳群………………置田雅昭

上野・下野の古墳群………………右島和夫
古墳の側面観
　　古墳の側面からみた形…………豊岡卓之
最近の墳丘調査
　　奈良・赤土山古墳………………松本洋明
　　大阪・茶臼塚古墳………………石田成年
　　長野・森将軍塚古墳……………矢島宏雄
韓国の前方後円墳……………………姜　仁求

―――――――――――――――――

＜連載講座＞　縄縄時代史　13……林　謙作
＜最近の発掘から＞＜書　評＞＜論文展望＞
＜報告書・会誌新刊一覧＞＜学界ニュース＞

編集室より

◆「記号学」という学問がある。この記号学の最大の対象が言語だといわれている。しかしまた，文化記号（学）といわれるものもある。つまり物そのものが，記号性を有しているという見方である。その物自体が何を語るか，あるいは語ろうとしているかを秘めているというわけである。その見方からすれば，言語もまた物だから，言語学と違ったもうひとつの扱い方があるかも知れない。考古学はこうして文献史学を包摂し新たな展開を見せ始めたといってもいいかも知れないのである。歴史研究者の多くは，もう考古学を抜きにしては語れないことをよく知っている。　　　　（芳賀）

◆中世の考古学的研究は土器の編年，都市遺跡あるいは城館などにいちじるしい進展が認められるが，文献史学や民俗学とのかね合いとなるとまだむずかしい問題が横たわっているようにみえる。今後いかに考古学からの中世像をつくりだすかが課題となろう。しかし本特集では従来の研究の広がりから絵画資料の取り扱いなど新しい研究に至るまで，広範な問題点に触れられており，確実な研究の歩みが読みとれる。楽しみな分野であるといえよう。なお戦国時代については第26号に特集しているため，今回は省いている。　（宮島）

本号の編集協力者――坂詰秀一（立正大学教授）

1936年東京都生まれ，立正大学大学院修士課程修了。『歴史考古学の視角と実践』『歴史考古学研究ⅠⅡ』『歴史考古学入門事典』『日本考古学の潮流』（以上単著），『歴史考古学の問題点』『板碑の総合研究』『出土渡来銭（中世）』（以上編著），『日本歴史考古学を学ぶ』（共編著）などがある。

■本号の表紙■
空から見た鎌倉

源頼朝によって鎌倉幕府が設置された鎌倉は，南方が海，東・西・北方が山に囲まれた要害の地である。北山に八幡宮（現鶴岡八幡宮）を配置し，そこより南に一直線に延びる若宮大路を中軸とする都市を建設した。若宮大路は，平安京の朱雀大路を模したものといわれ，頼朝の政治の中心地としての都市づくりの抱負を端的に窺うことができる。その後，北条泰時によって一段と整備され，鎌倉時代を通じて名実ともに東国の政治的中心都市として発展した。近年，この地の考古学的調査が居宅跡・寺院跡・墳墓などを対象として活発に実施され，中世都市・鎌倉の実態が具体的に明らかにされつつある。

写真中央の若宮大路（段葛）の東に滑川が，そして大路と交差するＪＲ横須賀線が見える。　　（坂詰秀一）

▶本誌直接購読のご案内◀

『季刊考古学』は一般書店の店頭で販売しております。なるべくお近くの書店で予約購読なさることをおすすめしますが，とくに手に入りにくいときには当社へ直接お申し込み下さい。その場合，1年分の代金（4冊，送料は当社負担）を郵便振替（東京3-1685）または現金書留にて，住所，氏名および『季刊考古学』第何号より第何号までと明記の上当社営業部まで送金下さい。

季刊 考古学　第39号
ARCHAEOLOGY QUARTERLY

1992年5月1日発行

定価 2,000円
（本体 1,942円）

編集人　芳賀章内
発行人　長坂一雄
印刷所　新日本印刷株式会社
発行所　雄山閣出版株式会社
〒102 東京都千代田区富士見2-6-9
電話 03-3262-3231　振替 東京3-1685

◆本誌記事の無断転載は固くおことわりします

ISBN4-639-01089-3　printed in Japan

季刊 考古学　オンデマンド版　第 39 号　1992 年 5 月 1 日　初版発行
ARCHAEOROGY　QUARTERLY　　　　　　2018 年 6 月 10 日　オンデマンド版発行

定価（本体 2,400 円＋税）

編集人　　芳賀章内
発行人　　宮田哲男
印刷所　　石川特殊特急製本株式会社
発行所　　株式会社　雄山閣　http://www.yuzankaku.co.jp
　　　　　〒102-0071　東京都千代田区富士見 2-6-9
　　　　　電話 03-3262-3231　FAX 03-3262-6938　振替　00130-5-1685

◆本誌記事の無断転載は固くおことわりします　　ISBN 978-4-639-13039-0　Printed in Japan

初期バックナンバー、待望の復刻 !!
季刊 考古学 OD　創刊号～第 50 号〈第一期〉
全 50 冊セット定価（本体 120,000 円＋税）　セット ISBN：978-4-639-10532-9
各巻分売可　各巻定価（本体 2,400 円＋税）

号　数	刊行年	特集名	編　者	ISBN（978-4-639-）
創刊号	1982 年 10 月	縄文人は何を食べたか	渡辺 誠	13001-7
第 2 号	1983 年 1 月	神々と仏を考古学する	坂詰 秀一	13002-4
第 3 号	1983 年 4 月	古墳の謎を解剖する	大塚 初重	13003-1
第 4 号	1983 年 7 月	日本旧石器人の生活と技術	加藤 晋平	13004-8
第 5 号	1983 年 10 月	装身の考古学	町田 章・春成秀爾	13005-5
第 6 号	1984 年 1 月	邪馬台国を考古学する	西谷 正	13006-2
第 7 号	1984 年 4 月	縄文人のムラとくらし	林 謙作	13007-9
第 8 号	1984 年 7 月	古代日本の鉄を科学する	佐々木 稔	13008-6
第 9 号	1984 年 10 月	墳墓の形態とその思想	坂詰 秀一	13009-3
第 10 号	1985 年 1 月	古墳の編年を総括する	石野 博信	13010-9
第 11 号	1985 年 4 月	動物の骨が語る世界	金子 浩昌	13011-6
第 12 号	1985 年 7 月	縄文時代のものと文化の交流	戸沢 充則	13012-3
第 13 号	1985 年 10 月	江戸時代を掘る	加藤 晋平・古泉 弘	13013-0
第 14 号	1986 年 1 月	弥生人は何を食べたか	甲元 真之	13014-7
第 15 号	1986 年 4 月	日本海をめぐる環境と考古学	安田 喜憲	13015-4
第 16 号	1986 年 7 月	古墳時代の社会と変革	岩崎 卓也	13016-1
第 17 号	1986 年 10 月	縄文土器の編年	小林 達雄	13017-8
第 18 号	1987 年 1 月	考古学と出土文字	坂詰 秀一	13018-5
第 19 号	1987 年 4 月	弥生土器は語る	工楽 善通	13019-2
第 20 号	1987 年 7 月	埴輪をめぐる古墳社会	水野 正好	13020-8
第 21 号	1987 年 10 月	縄文文化の地域性	林 謙作	13021-5
第 22 号	1988 年 1 月	古代の都城―飛鳥から平安京まで	町田 章	13022-2
第 23 号	1988 年 4 月	縄文と弥生を比較する	乙益 重隆	13023-9
第 24 号	1988 年 7 月	土器からよむ古墳社会	中村 浩・望月幹夫	13024-6
第 25 号	1988 年 10 月	縄文・弥生の漁撈文化	渡辺 誠	13025-3
第 26 号	1989 年 1 月	戦国考古学のイメージ	坂詰 秀一	13026-0
第 27 号	1989 年 4 月	青銅器と弥生社会	西谷 正	13027-7
第 28 号	1989 年 7 月	古墳には何が副葬されたか	泉森 皎	13028-4
第 29 号	1989 年 10 月	旧石器時代の東アジアと日本	加藤 晋平	13029-1
第 30 号	1990 年 1 月	縄文土偶の世界	小林 達雄	13030-7
第 31 号	1990 年 4 月	環濠集落とクニのおこり	原口 正三	13031-4
第 32 号	1990 年 7 月	古代の住居―縄文から古墳へ	宮本 長二郎・工楽 善通	13032-1
第 33 号	1990 年 10 月	古墳時代の日本と中国・朝鮮	岩崎 卓也・中山 清隆	13033-8
第 34 号	1991 年 1 月	古代仏教の考古学	坂詰 秀一・森 郁夫	13034-5
第 35 号	1991 年 4 月	石器と人類の歴史	戸沢 充則	13035-2
第 36 号	1991 年 7 月	古代の豪族居館	小笠原 好彦・阿部 義平	13036-9
第 37 号	1991 年 10 月	稲作農耕と弥生文化	工楽 善通	13037-6
第 38 号	1992 年 1 月	アジアのなかの縄文文化	西谷 正・木村 幾多郎	13038-3
第 39 号	1992 年 4 月	中世を考古学する	坂詰 秀一	13039-0
第 40 号	1992 年 7 月	古墳の形の謎を解く	石野 博信	13040-6
第 41 号	1992 年 10 月	貝塚が語る縄文文化	岡村 道雄	13041-3
第 42 号	1993 年 1 月	須恵器の編年とその時代	中村 浩	13042-0
第 43 号	1993 年 4 月	鏡の語る古代史	高倉 洋彰・車崎 正彦	13043-7
第 44 号	1993 年 7 月	縄文時代の家と集落	小林 達雄	13044-4
第 45 号	1993 年 10 月	横穴式石室の世界	河上 邦彦	13045-1
第 46 号	1994 年 1 月	古代の道と考古学	木下 良・坂詰 秀一	13046-8
第 47 号	1994 年 4 月	先史時代の木工文化	工楽 善通・黒崎 直	13047-5
第 48 号	1994 年 7 月	縄文社会と土器	小林 達雄	13048-2
第 49 号	1994 年 10 月	平安京跡発掘	江谷 寛・坂詰 秀一	13049-9
第 50 号	1995 年 1 月	縄文時代の新展開	渡辺 誠	13050-5

※「季刊 考古学 OD」は初版を底本とし、広告頁のみを除いてその他は原本そのままに復刻しております。初版との内容の差違は
　ございません。

「季刊 考古学　OD」は全国の一般書店にて販売しております。なるべくお近くの書店でご注文なさることをおすすめしますが、とくに手に入り
にくいときには当社へ直接お申込みください。